À LA RECHERCHE DU Paris DE Marcel Proust

À LA RECHERCHE DU Paris DE Marcel Proust

HENRI RACZYMOW

English Translation by
MARY DESCHAMPS

PARIGRAMME

« J'avais toujours à portée de ma main un plan de Paris qui, parce qu'on pouvait y distinguer la rue où habitaient M. et Mme Swann, me semblait contenir un trésor. »

Marcel Proust, *Du côté de chez Swann*

"I had always, within reach, a plan of Paris, which, because I could see drawn on it the street in which M. and Mme Swann lived, seemed to me to contain a secret treasure."

Marcel Proust, *Swann's Way*

Quand, à la fin de l'année 1912, Marcel Proust envoie aux éditions de La Nouvelle Revue Française le premier volume d'*À la recherche du Temps perdu*, intitulé *Du côté de chez Swann*, c'est André Gide qui réceptionne le manuscrit. Les deux hommes se sont déjà rencontrés. Mais ils ne se connaissent pas au même titre. Gide est déjà tenu pour un grand écrivain et codirige la *NRF*, la maison et la revue alors prestigieuse. Quant à Proust, Gide n'ignore pas qui il est. Il l'a parfois croisé lors de soirées mondaines et a sans doute parcouru quelques-uns de ses articles et de ses pastiches dans la presse, par exemple dans *Le Figaro*. Il n'en pense pas grand bien. Ni ce qu'il a pu lire, ni ce qu'il a vu ou cru voir de la personne de Proust ne lui agréent. Disons-le : Proust n'est pas sa tasse de thé. À ses yeux, c'est un snob, un mondain, un dilettante, un décadent, tout ce que la *NRF* abhorre. Aussi, lorsqu'il reçoit le manuscrit, ne prend-il même pas la peine d'ouvrir le paquet. Il sait que cette prose subtile, trop subtile, n'est pas pour lui qui recommande à l'instar de la *Revue* une écriture dépouillée, sobre et classique. On connaît la suite : Proust propose son texte à la concurrence, à savoir aux éditions Grasset. Il en résultera un curieux contrat d'édition à compte d'auteur, signé le 13 mars 1913, contrat que Proust avait lui-même suggéré. *Swann* paraîtra donc chez Grasset en novembre 1913.

C'est alors seulement que Gide découvre réellement l'œuvre. Mais il est trop tard. Pris de regrets et plus encore de remords, il écrit de sa plus belle plume une lettre déchirante à celui qu'il tenait pour un être superficiel, lettre où il dit que la *NRF* aura commis, en le refusant, une insigne erreur et que lui, Gide, nommément, tiendra éternellement ce refus, cette méconnaissance, cet aveuglement, pour la faute majeure, impardonnable dont il se sera rendu coupable. On a pu dire de cette lettre (elle est datée du 11 janvier 1914 et la *NRF* la publiera en 1918) qu'elle constitue « les plus célèbres excuses de la littérature française ». Qu'on en juge :

« Depuis quelques jours je ne quitte plus votre livre ; je m'en sursature, avec délices, je m'y vautre [...]. Le refus de ce livre restera la plus grave erreur de la *NRF*, et (car j'ai cette honte d'en être beaucoup responsable) l'un des regrets, des remords les plus cuisants de ma vie. »

Ainsi débuta Marcel Proust sur son chemin de reconnaissance. Pourtant, sa gloire ne fut pas immédiate, loin s'en faut, comme pour certains, à commencer par Gide lui-même. Le succès, oui, il le connut avec l'attribution du déjà envié prix Goncourt en décembre 1919. Mais la gloire dont Proust rêvait – la même dont rêvaient ses personnages de Bergotte l'écrivain, de Vinteuil le musicien ou d'Elstir le peintre dans son œuvre –, il ne la connut pas. Il mourut trop tôt, à 51 ans. Après son obtention du prix Goncourt (grâce à l'entregent de son très sincère admirateur Léon Daudet), il ne lui restait que trois ans à vivre. La gloire de Proust, ce sont les générations suivantes qui en seront les témoins. Elle ne fit que croître. Belle revanche sur celui qui fut considéré comme le « contemporain capital », à savoir Gide lui-même, qu'on ne lit plus guère ! À quoi se mesure cette gloire de Proust ? Certainement au nombre de livres consacrés à l'écrivain. 2019 fut à cet égard une manière d'apothéose car cette année qui marquait les cent ans du prix Goncourt (pour *À l'ombre des jeunes filles en fleurs*, le second volume de *La Recherche*) vit surgir une pléiade d'ouvrages nouveaux. Par ailleurs, année après année, fleurissent partout dans le monde d'innombrables articles, thèses de doctorats, colloques, séminaires et traductions.

Comment comprendre cet engouement croissant ? On a parfois tenté de l'expliquer par les thèmes mêmes dont *La Recherche* nous entretient : la mémoire et l'oubli. Proust nous parle du passé, de son enfance certes, c'est-à-dire de Combray. Mais aussi du passé en général puisque ce roman dans le roman que constitue *Un amour de Swann* est censé se dérouler avant même sa naissance et celle de son narrateur dans le Paris du Second Empire. Or nul n'ignore l'épisode crucial de la fameuse madeleine trempée dans le thé, dont la saveur fait resurgir de l'oubli tout un pan de passé. C'est une manière de miracle si ce passé revient, partiellement, à notre mémoire oublieuse. Sans doute cette thématique est-elle celle qui nous importe le plus aujourd'hui, qui nous concerne toujours davantage. La raison en est aisée à comprendre. Elle est liée à la vitesse à laquelle les choses changent autour de nous et deviennent toujours plus vite caduques, démodées, reléguées. La ville même se modifie, particulièrement dans les quartiers populaires. Le goût largement partagé pour les photographies du « Vieux Paris » donne la mesure de notre nostalgie. Nul doute que ces images charrient le souvenir ému que nous gardons de notre enfance ou les échos de celles de nos parents et grands-parents.

Mais Proust nous entretient d'autre chose encore : la succession non seulement des générations, mais des conditions, de leur fluidité, de leur mélange. Les deux grandes classes sociales qui, dans *La Recherche*, se disputent la prééminence, c'est évidemment l'aristocratie et la grande bourgeoisie. Ces deux groupes, jadis hermétiquement clos sur eux-mêmes, tendent à se rapprocher, à se fréquenter, et même à s'allier dans des unions matrimoniales ou plutôt patrimoniales où l'on échange le prestige d'un titre contre celui d'un salon littéraire et d'une grande aisance financière. On sait qu'à la fin du *Temps retrouvé*, les mélanges qu'on imaginait impossibles finissent par advenir. Ainsi, les deux côtés réputés non-miscibles, celui de chez Swann et celui de Guermantes, se rejoignent-ils à l'issue de la longue quête du narrateur qui assume enfin sa vocation d'écrivain et peut commencer à composer le livre même que nous lisons.

Au milieu des années 1970, France Culture sollicita Roland Barthes pour accomplir, à micro ouvert, un « pèlerinage » sur les lieux proustiens de Paris. À l'issue de cette promenade, émouvante pour tous les amoureux de l'œuvre de Proust, on demanda au grand sémiologue si cette déambulation avait enrichi son appréciation de Proust. Barthes avoua sans ambages qu'il avait été déçu. Certes, disait-il en substance, il y a une incontestable circulation, chez Proust, entre la vie et l'œuvre. Mais il reconnaissait que la vie de Proust, ce qu'il appelait les « biographèmes », dans *La Recherche*, l'émouvait au plus haut point. Cette œuvre était si riche qu'on ne pouvait la relire que par fragments, chacun ayant du reste ses passages de prédilection. Combray et ses « côtés », Balbec et ses jeunes filles circulant à bicyclettes devant la mer, les Champs-Élysées et l'amour du narrateur pour Gilberte, la fille de Swann, Swann et le « petit clan » des Verdurin, Odette suivie par des messieurs dans les allées du bois de Boulogne, etc. En outre, poursuivait-il, tout lecteur de Proust peut lire et relire dans son œuvre des aperçus qui le concernent en propre, de façon extrêmement intime, s'agissant de l'amour, de la sexualité, du désir, de l'attente, de la mort, de la maladie, de l'admiration, de la déception, du temps qui passe et qu'on perd (dans les deux sens du terme). Mais qu'on y veille : l'œuvre de Proust n'est pas réaliste. En ce sens, tout lecteur de Proust doit garder à l'esprit sa manière si personnelle, à la façon du rêve selon Freud, de condenser et de déplacer. Tel personnage fictif est le résultat de la fusion de deux, trois, quatre personnalités : Odette de Crécy est ainsi le produit de plusieurs personnages de courtisanes. Il en est de même pour les lieux, l'hôtel de Guermantes étant par exemple inspiré par différents hôtels particuliers du faubourg Saint-Germain. Ce que la visite de ces lieux, ici parisiens, nous enseigne, c'est en somme l'extraordinaire puissance – la « surpuissance » selon Barthes – de la littérature.

Le toponyme parisien, chez Proust, est habité, enchanté. Il est l'adresse d'une personne en même temps que sa métonymie. Aller au « 40 bis » c'est se rendre chez l'oncle Adolphe, boulevard Malesherbes. Curieuse adresse, composite, mêlant le réel et le fictif, puisque Proust enfant vit au 9, boulevard Malesherbes et que ses grands-parents maternels, les Weil, habitent au 40 bis, rue du Faubourg-Poissonnière. De même tel nom de rue est l'équivalent de la personne dont nous sommes amoureux et qui y habite. Swann fréquente un certain restaurant sur les quai « pour une de ces raisons à la fois mystiques et saugrenues, qu'on appelle romanesques ; c'est que ce restaurant [...] portait le même nom que la rue habitée par Odette : Lapérouse. » Lorsque notre amour n'existe plus, le nom reprend alors, et alors seulement, sa dimension banalement historique ou géographique. Et dès lors, quand nous songeons au boulevard des Capucines ou à la rue du Bac, « nous nous avisons que ces noms furent jadis celui des religieuses capucines dont le couvent se trouvait là et celui du bac qui traversait la Seine ». Telle est la géographie en partie double du Paris de Marcel Proust, traversé d'affects d'attentes, de désirs et de douleurs.

When, at the end of the year 1912, Marcel Proust sends his first volume of Remembrance of Things Past, *volume entitled* Swann's Way, *to the* La Nouvelle Revue Française *publishing house, André Gide is at the receiving end of the manuscript. The two men have met. But they don't know each other on the same basis. Gide is already considered a great writer and codirects the* NRF, *the prestigious house and literary review. As for Proust, Gide does not ignore who he is. Actually, he has run into him on several occasions during socialite events and probably read some of his articles and parodies in the press—such as* Le Figaro. *He does not think much of him. Neither what he has read, nor what he has seen, or seems to have seen, regarding the person of Proust are to his liking. Quite clearly: Proust is not his cup of tea. In his eyes, he is a snob, a socialite, a dilettante, a decadent—everything the* NRF *refutes. Thus, when he receives the manuscript, he does not even go to the trouble of opening the package. He knows that this subtle prose, too subtle, is not for him, who recommends a streamlined, sober and classic writing style, in keeping with* La Revue. *The rest is history: Proust presents his work to the competition, in this case Grasset. The result is an unusual self-published contract signed on March 13, 1913, contract suggested by Proust himself. Thus,* Swann's Way *is published by Grasset in November 1913.*

It is only then that Gide actually lays eyes on the work. But it's too late. With great regret and verging on actual remorse, he writes with his best pen a heart wrenching letter to the one he had deemed superficial—a letter where he admits that by refusing to publish his work, the NRF *made a profound mistake and that he, Gide, will eternally hold this rebuttal, this unawareness, this blindness, as his own major, unforgiveable fault. It has been said that his letter (dated January 11, 1914, and published by the* NRF *in 1918) constitutes "the most famous apologies in all of French literature." To wit: "For several days I have not put down your book; I am supersaturating myself in it, with delight, reveling in it [...]. Rejecting it was the "*NRF*'s biggest mistake," (and since Gide admits to being largely responsible for it) "one of the bitterest regrets of my life."*

Thus, Marcel Proust was well on his way towards major recognition. Yet, fame did not come to him immediately, far from it, as for some, starting with André Gide himself. However, he did enjoy a modicum of success in December with the attribution of the very coveted prix Goncourt.
But the glory Proust dreamt of—the same glory that the characters in his work aspired to, such as Bergotte the writer, Vinteuil the musician or Elstir the painter, all present in his work—he never actually got to experience. He died too early, at age 51. After having been awarded the famed Prix Goncourt (thanks to the influence of his most sincere admirer, Léon Daudet), he had only three years left to live.
The coming generations stood witness to the glory of Proust. It's kept building up. A handsome revenge over the one who was regarded as the "main contemporary writer" of his time—in other words Gide himself, whose readership has since plummeted!

How can one appreciate Proust's rise to prominence? Certainly by the number of books dedicated to the writer. In that regard, 2019 was a sort of apotheosis, because it marked the one-hundred-year anniversary of his Goncourt Prize (for Within a Budding Grove, *the second volume of* Remembrance of Things Past*) and led to a surge of new published works on the market. In addition, year after year, throughout the world, innumerable articles, doctoral theses, seminars and translations flourish.*
How does one justify such growing infatuation? There have been occasional attempts to explain it through the very themes of Remembrance of Things Past*: memory and oblivion. Proust speaks to us of the past, of his childhood—that is to say of* Combray. *But also of the past in a broader sense, since this novel within the novel, that constitutes* Swann in Love, *is supposed to be set before his own birth, as well as the one of his narrator in the Paris of the Second Empire. Indeed, people are all-too familiar with the crucial episode of the famous* madeleine, *delicately dipped in tea, whose savor brings back from oblivion an entire segment of the past. This theme is undoubtedly the most important one for us today, one that*

concerns us more and more. The reason is easy to understand. It relates to the speed with which things change around us and how increasingly obsolete they become out of fashion, left by the wayside. The city itself is undergoing changes, particularly in popular districts. The widely shared preference for photographs of the "Old Paris" conveys the extent of our nostalgia. No doubt these images carry along with them fond childhood memories or echoes from those of our parents and grandparents.

Proust also pinpoints something else: not only the succession of generations, but their conditions, their fluidity, their blending. Naturally, the two main social classes vying for prominence in Remembrance of Things Past are the aristocracy and the great bourgeoisie. These two groups, hermetically closed to one another in the past, now moved closer, getting to socialize and even merge in matrimonial or rather patrimonial unions, where one exchanged the prestige of a title against the one of a literary salon and improved financial ease. And of course, at the end of Time Regained, *combinations, which were considered most unlikely, eventually occur. Thus, two ways known to be immiscible, such as the one of Swann and the one of Guermantes, intersect at the end of the narrator's long quest, when he finally embraces his vocation as a writer and can begin composing the very book we are reading.*

In the middle of the 1970s, the France Culture radio station solicited Roland Barthes to accomplish, with an open microphone, a "pilgrimage" of the Proustian landmarks in Paris. At the outcome of this literary promenade, very moving for all those infatuated with the writings of Proust, the great semiologist was asked if this escapade had enriched his appreciation of Proust. Barthes admitted quite clearly that he was disappointed. Indeed, he argued in substance, there is an incontestable interaction with Proust, between the life and the work. But he recognized that the life of Proust, which he referred to as "biographems" in Remembrance of Things Past, *moved him to the highest degree. This work was so rich that one could only reread it in fragments, each one with its own memorable passages. Combray and its "ways", Balbec and its young ladies riding bicycles along the seashore, the Champs-Élysées and the narrator's love for Gilberte, Swann's daughter, Swann and the "small Verdurin clan"— Odette shadowed by gentlemen in the alleys of the Bois de Boulogne, etc. Furthermore, he added, any Proust reader can perceive insights having to do with his personal life, in a very intimate way—whether it's love, sexuality, desire, expectation, death, sickness, admiration, disappointment, time passing by and lost (in both senses of the term). But be advised: the work of Proust is not realistic. In that sense, Proust readers must keep in mind his very personal touch, akin to dreams according to Freud, condensing and moving. Certain fictional characters are the result of two, three, even four different personalities: thus, Odette de Crécy is the combination of several characters and courtesans. This is also the case for places, such as the Guermantes private mansion, inspired by the numerous stately homes of the Faubourg Saint-Germain. What the visit to these places, here in Paris, teaches us, in short, is the extraordinary power— Barthes' "superpower"—of literature.*

With Proust, the Parisian toponym is inhabited, enchanted. It is the address of a person as well as its metonymy. Going to "40 bis" implies going to Uncle Adolphe's, on Boulevard Malesherbes. A strange address, multi-faceted, mixing reality and fiction, since young Proust grew up at 9, Boulevard Malesherbes, while his maternal grandparents, the Weil, lived at 40 bis, Rue du Faubourg-Poissonnière.
In a similar way, the name of a street is the equivalent of the loved person, who happens to live there.
Swann frequents a certain restaurant on the embankments "at once mystical and absurd, which people call 'romantic'; because this restaurant [...] bore the same name as the street where Odette lived: Lapérouse."
When love fades away, and only then does the name return to its original and geographic dimension. And hence, when we think of the Boulevard des Capucines or the Rue du Bac, "we remind ourselves that the names were once those of, respectively the Capuchin nuns, whose convent stood on the site and the ferry across the Seine."
Such is the double-layered geography of Marcel Proust's Paris, flowing with emotions, expectations, desires and despairs.

PAGES 14-15

La rue La Fontaine à l'angle de la rue George-Sand, vers 1904. À l'époque de cette photo, Auteuil n'est plus un village depuis plusieurs décennies mais un quartier de Paris. Proust est né au nº 96 de la rue, le 10 juillet 1871, dans une grande maison de campagne ceinte d'un jardin agrémenté d'un bassin. La demeure est la villégiature d'été du grand-oncle maternel, Louis Weil, un lieu propice pour préparer et accueillir une naissance.

The Rue La Fontaine at the corner of the Rue George-Sand, around 1904. At the time of this photograph, Auteuil was no longer a village since several decades, but a real district in Paris. Proust was born at nº 96 of the street, on July 10, 1871, in a large country house, surrounded by a garden with a basin. Summer residence of his great-uncle, Louis Weil, the homestead was an ideal venue to prepare for and welcome a birth.

Ce portrait de Marcel Proust à l'âge de 25 ans, réalisé le 27 juillet 1896 par Otto Wegener, est l'un des plus connus de l'écrivain. Il fait partie d'une série d'au moins quatre poses différentes où Proust est assis sur une banquette de style Louis XVI. On suppose qu'il a fait prendre ces clichés pour illustrer un article à paraître sur *Les Plaisirs et les jours*. Otto Wegener est un photographe mondain d'origine suédoise qui exerce à Paris à partir de 1867. Il a son studio au 3, place de la Madeleine.

This portrait of 25-year-old Marcel Proust, taken on July 27, 1896 by Otto Wegener, is amongst the most famous ones of the writer. It is part of a series with at least four different poses where Proust is seated on a banquette in the Louis XVI style. It is assumed that these photographs were chosen to illustrate an article to be published in Les Plaisirs et les jours. *Otto Wegener was a socialite photographer of Swedish origin, who worked in Paris starting in 1867. He had his studio at 3, Place de la Madeleine.*

L'ETABLISSEMENT
KNEIPP
DU DOCTEUR AUDOLLENT
EST SITUÉ
RUE LAFONTAINE-22
LA COMPAGNIE
SINGER
Machines à Coudre
RUE DE PASSY, 67
SAMEDI 14 MAI
RUE
GEORGE SAND
MARIGNY
THÉATRE
Tous les Soirs
12e Concours National
ECHEANCE JUILLET 1904
COURSE
OUVERTURE 11 JUIN
PRINTANIA
PORTE-MAILLOT
VENDREDI 24 JUIN 1904
SAINT-OUEN
COURSES A MAISONS-LAFFITTE

RUE
GEORGE SAND
EXIGER
LA FRAISETT
CORN
LA CIGALE
JARDIN D'ET
LA MÔME
PHÉMIE
LE CHIEN PARLE R

Mme Adrien Proust, née Jeanne Weil (1849-1905), mère de Marcel Proust, peinte en 1880, à 30 ans, par Anaïs Beauvais. Elle est née à Paris dans le 10e arrondissement le 21 avril 1849 et meurt le 26 septembre 1905. Elle partage avec son fils aîné le goût de la littérature classique et des arts. Ils auront toujours une relation fusionnelle. Le cadet, Robert, davantage tourné vers les sciences, tient plutôt du père.

Mme Adrien Proust, born Jeanne Weil (1849-1905), mother of Marcel Proust, is painted here in 1880, when she was 30 years old, by Anaïs Beauvais. Born in the 10th arrondissement of Paris on April 21, 1849, she died on September 26, 1905. She shared with her elder son a definite taste for (classic) literature and the arts. They had a fusional relationship. The younger son, Robert, more interested in science, took after his father.

Coll. part.

La même en 1904, quelques mois avant sa mort. Femme de grande culture, lectrice de Saint-Simon et de Mme de Sévigné, Jeanne Weil épouse le docteur puis professeur de médecine Adrien Proust le 3 septembre 1870 à la mairie du 10e arrondissement : ses parents, Nathé et Adèle Weil, issus de familles juives originaires d'Alsace et d'Allemagne, habitent au 40 bis, rue du Faubourg-Poissonnière. Le jeune couple emménage non loin de la place Saint-Augustin, quartier proustien par excellence. Jeanne Proust est la nièce du député et ministre Adolphe Crémieux. Elle meurt deux ans après son époux, en 1905.

The same in 1904, a few months before she died. A woman of great culture, who read Saint-Simon and Mme de Sévigné, Jeanne Weil married Adrien Proust, doctor and then professor of medicine, on September 3, 1870 in the 10th arrondissement townhall: her parents, Nathé and Adèle Weil, who came from Jewish backgrounds, lived at 40 bis, Rue du Faubourg-Poissonnière. The young couple settled not far from the Place Saint-Augustin, epitome of the Proustian district. Jeanne Proust was the niece of Adolphe Crémieux, both deputy and minister in the government. She died two years after her husband, in 1905.

Adrien Proust (1834-1903), fils d'un petit commerçant du village d'Illiers, près de Chartres, est devenu médecin hygiéniste et professeur agrégé de médecine. Dans la vie comme dans l'œuvre de Proust, il désapprouve la trop grande sollicitude de sa femme à l'égard de Marcel.

Adrien Proust (1834-1903), son of a shopkeeper in the small village of Illiers, near Chartres, became a hygienic doctor then a professor of medicine. In real life, as in the work of Proust, he disapproved of his wife's overprotective attitude towards Marcel.

Coll. part.

Mme Nathé Weil, née Adèle Berncastel (1824-1890), grand-mère maternelle de Marcel Proust, a reçu une solide éducation dans la tradition de la grande bourgeoisie juive où la piété épouse sans conflit les idéaux de la Révolution française. Elle aime la littérature et la musique (elle-même est une pianiste accomplie), goûts qu'elle transmet à sa fille Jeanne. La maladie et la mort de la grand-mère jouent un rôle très important dans *La Recherche*. C'est longtemps après sa disparition que le narrateur en prend conscience, lors d'un séjour à Balbec qui lui rappelle des temps lointains où son aïeule l'avait consolé.

Mme Nathé Weil, born Adèle Berncastel (1824-1890), maternal grandmother of Marcel Proust, received a solid education, in the tradition of the great Jewish bourgeoisie, where piety is in keeping with the ideals of the French Revolution. She enjoyed literature and music (being herself an accomplished pianist), tastes she passed on to her daughter Jeanne. The sickness and death of the grandmother play a very important role in Remembrance of Things Past. *The narrator realizes this a long time after her death, during a stay in Balbec, reminding him of a distant past when his ancestor consoled him.*

Coll. part.

Le parc Monceau où Marcel, enfant, se promène le jeudi et rencontre ses camarades du voisinage est un « jardin sentimental » préromantique ou « jardin d'illusions » à la mode à la fin du XVIIIe siècle. Jean-Jacques Rousseau y aurait herborisé. Avec sa rivière, ses chemins sinueux, ses obélisques, son tombeau, ses grottes et ses ruines, dont les plus spectaculaires sont celles de la naumachie (photo), c'est tout le contraire d'un jardin à la française. Dans la Rome antique, une naumachie était un bassin où étaient donnés des spectacles de batailles navales.

The Parc Monceau, where young Marcel strolled on Thursdays and met with his neighborhood friends, is a preromantic "sentimental garden" or "garden of illusions" very much in fashion at the end of the 18th century. Jean-Jacques Rousseau is said to have botanized here. It's totally the opposite of a French-style garden, with its small rivers, its sinewy paths, its obelisks, its tomb, its grottos and ruins, whose most spectacular one is the naumachia (photo below). In antique Rome, a naumachia was a basin where nautical battles took place.

À partir du Second Empire, ce sont les enfants de la bourgeoisie qui fréquentent le parc Monceau, poussant leurs cerceaux ou s'apprêtant à jouer aux barres, accompagnés de leurs inévitables gouvernantes, comme la Françoise du narrateur.

From the Second Empire onward, the offspring of the bourgeoisie comes to play in the Parc Monceau, pushing their hoops or partaking in a game of 'prisoner's-base' under the watchful eye of their governesses, such as the narrator's Françoise.

Au parc Monceau, en mai 1886. Proust, âgé de 14 ans, en canotier, est debout à côté d'Antoinette Faure, qui a le même âge, fille cadette du futur président de la République Félix Faure. Ils se tiennent sous les (fausses) ruines archéologiques de ce romantique jardin à l'anglaise. C'est Antoinette qui soumettra Marcel au fameux questionnaire reproduit dans un petit carnet rouge en vogue alors en Angleterre, *Confessions – An Album to Record Thoughts, Feelings, & c.*, connu aujourd'hui comme le « questionnaire de Proust ».

At the Parc Monceau, in May 1886. Proust, aged 14-years-old, wearing a boater hat, stands next to Antoinette Faure, who is the same age, younger daughter of the future President of the French Republic, Félix Faure. They are amidst the (fake) archeological ruins of this romantic English-style garden. It is Antoinette, who had Marcel go through the famous questionnaire copied in a small red notebook, in fashion throughout England at the time, Confessions – An Album to Record Thoughts, Feelings, & c., *known today as "the questionnaire of Proust."*

ASSOCIATION OUVRIÈRE

L'église Saint-Augustin est construite à partir de 1860 par Baltard, le même qui édifie les pavillons des Halles. Tous les styles y sont mêlés, roman, byzantin, gothique… assaisonnés du mauvais goût Second Empire que Proust, l'imagination aidant, est à même de transfigurer : « Même à Paris, dans un des quartiers les plus laids de la ville, je sais une fenêtre où on voit après un premier, un second et même un troisième plan fait des toits amoncelés de plusieurs rues, une cloche violette, parfois rougeâtre, parfois aussi, dans les plus nobles "épreuves" qu'en tire l'atmosphère, d'un noir décanté de cendres, laquelle n'est autre que le dôme de Saint-Augustin et qui donne à cette vue de Paris le caractère de certaines vues de Rome par Piranesi. »

The Saint-Augustin church was built starting in 1860 by Baltard, the same one who created the Les Halles market pavilions. All the styles are combined: Romanesque, Byzantine, Gothic… seasoned by the bad taste of the Second Empire which Proust, helped by his imagination, was able to transfigure: "Even in Paris, in one of the ugliest parts of the town, I know a window from which one can see across a first, a second, and even a third layer of jumbled roofs, street beyond street, a violet bell, sometimes ruddy, sometimes too, in the finest 'prints' which the atmosphere makes of it, of an ashy solution of black; which is, in fact, nothing else than the dome of Saint-Augustin, and which imparts to this view of Paris the character of some of the Piranesi views of Rome."

Coll. part.

Gustave Caillebotte, *La Place Saint-Augustin, temps brumeux*, 1878. Après la naissance de Robert, en mai 1873, les Proust déménagent pour le premier étage du 9, boulevard Malesherbes où il resteront jusqu'en 1900. Au pied de l'immeuble, sur le boulevard, on aperçoit la place et le dôme de l'église Saint-Augustin.

Gustave Caillebotte, Place Saint-Augustin, Misty Weather, *1878. After the birth of Robert, in May 1873, the Proust family moved on the first floor at 9, Boulevard Malesherbes, where they remained until 1900. At the foot of the building, on the boulevard, it's possible to see the dome of the Saint-Augustin church.*

Coll. part.

Marcel et Robert Proust en 1877, âgés respectivement de 6 et 4 ans. Le 24 mai 1873, Robert naît, comme Marcel, dans la maison d'Auteuil du 96, rue La Fontaine. On dit qu'il tient de son père, au physique et au moral. Le biographe anglais George D. Painter écrit : « Les rapports entre les deux frères demeurèrent toujours affectueux, jamais intimes. » Robert « poussait tout seul », tandis que Marcel sollicite davantage sa « Maman ». Cette dernière appelle Marcel « mon petit loup » et Robert « mon autre loup ». Dans *La Recherche,* ce n'est pas vraiment un hasard si Proust a entièrement supprimé le personnage de son frère.

Marcel and Robert Proust in 1877, respectively aged 6 and 4 years old. On May 24, 1873, Robert is born, just like Marcel, in the house of Auteuil at 96, Rue La Fontaine. It is said he took after his father, physically and intellectually. English biographer George D. Painter writes: "The relationship between the two brothers always remained affectionate, never intimate." Robert "grew up on his own," while Marcel relied on his "Mamma" a lot more. The latter called Marcel "my little wolf" and Robert "my other wolf." In Remembrance of Things Past*, it is not really by happenstance that Proust entirely removed the character of his brother.*

Jean Béraud, *Sortie du lycée Condorcet*, vers 1903. Marcel entre au lycée Condorcet, 8, rue du Havre, en 1882, en classe de cinquième. Mallarmé y est professeur d'anglais. La discipline y est réputée moins rigoureuse que dans les lycées parisiens de la rive gauche. L'établissement a l'avantage pour Marcel de ne pas être trop éloigné du domicile familial, à dix minutes de marche du 9, boulevard Malesherbes. Marcel sera souvent absent pour cause de crises d'asthme.

Jean Béraud, Leaving the Lycée Condorcet, *circa 1903. Marcel enters the Lycée Condorcet, 8, Rue du Havre, in 1882, for seventh grade. Mallarmé is an English teacher there. Discipline is less strict than in Parisian high schools of the Left Bank. For Marcel, the establishment has the advantage of not being too far from the family home—a 10-minute walk from 9, Boulevard Malesherbes. Marcel was often absent because of asthma attacks.*

Paris, musée Carnavalet

Classe de rhétorique (première), en 1887-1888. Le professeur de lettres, Maxime Gaucher, est le premier à remarquer le talent littéraire de son élève et lui demande parfois de lire ses copies à haute voix… sous les quolibets de ses condisciples qui pouffent devant son style recherché. Ses camarades les plus proches sont Daniel Halévy et son cousin Jacques Bizet, Robert Dreyfus, Robert de Flers. Il est amoureux de certains d'entre eux, leur écrit des lettres tendres, dont ils se moquent ouvertement. À la fin de l'année, Marcel obtient le premier prix de composition française.

High school class of rhetoric (junior year) in 1887-1888. French teacher, Maxime Gaucher, is the first to notice the literary skills of his student, occasionally asking him to read his copy out loud, often mocked by his classmates because of his flowery style. His closest comrades are Daniel Halévy and his cousin Jacques Bizet, Robert Dreyfus, Robert de Flers. He is enamored with some of them, writing tender letters, which they openly make fun of. At the end of the year, Marcel is awarded the first prize for French composition.

Dernière année à Condorcet, en classe de philosophie (1888-1889). Marcel (au deuxième rang à gauche) voue une grande admiration à son professeur de philosophie, Alphonse Darlu, et le raccompagne parfois jusqu'à son domicile. Proust dira de lui : « Le grand philosophe dont la parole inspirée, plus sûre de durer qu'un écrit, a, en moi comme en tant d'autres, engendré la pensée. »

During his last year at the Lycée Condorcet, in philosophy class (1888-1889). Marcel (second row on the left) showed great admiration for his philosophy teacher, Alphonse Darlu, and would sometimes accompany him back home. Proust said of him: "The great philosopher whose inspired words, more certain to last than any writing would, gave birth in me as in so many others to thought itself."

BnF © Akg-images

Jeanne Proust, née Weil, et ses deux fils, Marcel et Robert. Robert (1873-1935) tient de son père son énergie au travail et son intelligence. Comme Adrien Proust, et selon le désir de ce dernier, il devient un éminent chirurgien, interne des hôpitaux à l'âge de 20 ans, bientôt professeur de médecine. Il épouse en 1903 Marthe Dubois-Amiot, et Marcel, garçon d'honneur, est en proie à une extrême jalousie le rend durablement malade. Robert et Marthe auront un enfant, Suzy (1903-1986). Robert est passionné de mathématiques et aide souvent son frère aîné dans cette discipline. Un rapport ambivalent d'affection et de jalousie le lie à Marcel.

Jeanne Proust, born Weil, with Marcel and Robert, her two sons. Robert (1873-1935) takes after his father in terms of energy at work and intelligence. Like Adrien Proust, and in keeping with the wish of the latter, he became a prominent surgeon, hospital intern at the age of 20, soon professor in medicine. In 1903, he marries Marthe Dubois-Amiot, and Marcel is best man. His extreme jealousy makes him durably ill. Robert and Marthe have one child, Suzy (1903-1986). Robert is passionate about mathematics and often helps his elder brother in this discipline. An ambivalent relationship of affection and jealousy links him to Marcel.

Coll. part.

Avec Robert de Flers (1872-1927) et Lucien Daudet (à droite) (1878-1946), vers 1893. De Lucien Daudet, le fils cadet d'Alphonse Daudet, qui remplace Reynaldo Hahn dans le cœur de Marcel, on dit qu'il est « mignon comme une fille ». Une grande complicité les lie l'un à l'autre jusqu'à la fin. Jules Renard écrit de lui dans son *Journal* : « Un beau jeune garçon frisé, lingé, pommadé, peint et poudré [qui] parle avec une petite voix de poche de gilet. » Quand, en 1913, paraît le premier volume de *La Recherche*, Lucien Daudet joue les oracles dans *Le Figaro* : « Plus tard, beaucoup plus tard, lorsqu'on parlera du livre de M. Marcel Proust, il apparaîtra comme une extraordinaire manifestation de l'intelligence au XXe siècle. » Le comte Robert de Flers, qui écrira des comédies avec Gaston de Caillavet, a été un condisciple de Proust à Condorcet. Il collabore à la revue *Le Banquet*, créée par un groupe d'anciens camarades du lycée. Proust parle de lui comme du « jeune et charmant, et intelligent, et bon, et tendre Robert de Flers ». On rapporte que Mme Proust n'apprécie guère cette photo.

With Robert de Flers (1872-1927) and Lucien Daudet (on the right) (1878-1946), around 1893. Of Lucien Daudet, younger son of Alphonse Daudet, who replaced Reynaldo Hahn in the heart of Marcel, it was said that he was as "adorable as a girl." A strong complicity bound them to one another until the end. In his Journal, *Jules Renard writes about him: "A handsome boy, curled, laundered, pomaded, painted and powdered"—he also mentions his "little waist-coat-pocket voice." When, in 1913, the first volume of* Remembrance of Things Past *is published, Lucien Daudet plays the oracles in* Le Figaro*: "In the years to come, when M. Marcel Proust's book is mentioned, it will appear as an extraordinary manifestation of human intelligence during the 20th century." The Comte Robert de Flers, who wrote comedies with Gaston de Caillavet, was a classmate of Proust at the Lycée Condorcet. He collaborated with the review,* Le Banquet, *created by a group of former high school classmates. Proust refers to him as the "young, charming, intelligent, kind, affectionate, Robert de Flers." It was said that Mme Proust was not very keen about this photo.*

Coll. part.

Jacques-Émile Blanche (1861-1942) dans son atelier. Peintre mondain de la Belle Époque, portraitiste réputé, il est le petit-fils et le fils de célèbres médecins aliénistes, Esprit et Émile Blanche, qui fondèrent une clinique aux méthodes innovantes et soignèrent nombre de gens de lettres, de Nerval à Maupassant. Les familles Proust et Blanche se fréquentent : elles ont la médecine en commun mais aussi la proximité, à Auteuil, de leurs villas respectives, rue La Fontaine et rue de la Source. En mars 1919, Jacques-Émile Blanche demande à son ancien voisin une préface à ses *Propos de peintre*. Proust fait alors retour vers cette villégiature des étés de son enfance : « Je ne peux dire le plaisir que j'éprouvais quand, après avoir longé en plein soleil, dans le parfum des tilleuls, la rue La Fontaine... »

Jacques-Émile Blanche (1861-1942) in his workshop. A socialite painter of the Belle Époque, renown portraitist, he is the grandson and son of the famous alienist doctors, Esprit and Émile Blanche, who have founded a clinic with innovative methods and treated many literary figures, from Nerval to Maupassant. The Proust and Blanche families socialize: they have medicine in common, but also share proximity, in Auteuil, thanks to their respective villas, Rue La Fontaine and Rue de la Source. In March 1919, Jacques-Émile Blanche asks his former neighbor to write a preface for his Propos de peintre. *Proust thus returns to the summer abode of his childhood years: "I cannot say what pleasure I felt when, coming along the Rue La Fontaine in full sunlight, amid the scent of the lime trees..."*

PAGE 35

Portrait de Marcel Proust, une fleur d'orchidée blanche à la boutonnière, par Jacques-Émile Blanche, fait à Auteuil en juin 1892. Les deux hommes se sont rencontrés l'année précédente à Trouville, chez des amis communs. Blanche a précédé Proust au lycée Condorcet dix ans plus tôt, où il a suivi la classe d'anglais de Mallarmé. « Comme mes parents passaient le printemps et le commencement de l'été à Auteuil où Jacques[-Émile] Blanche habitait toute l'année, j'allais sans peine le matin poser pour mon portrait. » Proust conservera ce portrait toute sa vie dans sa chambre.

Portrait of Marcel Proust, a white orchid in his buttonhole, painted by Jacques-Émile Blanche, at Auteuil in June 1892. The two men met the year before in Trouville, at mutual friends. Blanche attended Lycée Condorcet ten years before Proust, where he followed the English class of Mallarmé. "As my parents spent spring and early summer at Auteuil where Jacques[-Émile] Blanche spent the whole year, it was easy for me to go each morning to pose for my portrait." Proust kept this portrait in his room during his entire life.

Le 9, boulevard Malesherbes, situé entre la place de la Madeleine et l'église Saint-Augustin, où les Proust emménagent le 1er août 1873, après la naissance de Robert. « C'est un des quartiers les plus laids de Paris », écrit Proust. Au rez-de-chaussée, il y a la boutique des tailleurs Eppler et celle de Sandt et Laborde, comme dans *La Recherche* la boutique du tailleur Jupien dans la cour de l'hôtel des Guermantes. L'immeuble compte sept étages, desservis par un ascenseur. L'appartement des Proust comprend sept pièces et une salle de bains. Fernand Gregh témoigne : « L'impression que j'en ai gardée [...] est celle d'un intérieur assez obscur, bondé de meubles lourds, calfeutré de rideaux, étouffé de tapis, le tout noir et rouge, l'appartement type d'alors, qui n'était pas si éloigné [...] du sombre bric-à-brac balzacien. »

At 9, Boulevard Malesherbes, located between the Place de la Madeleine and the Saint-Augustin church, where the Proust family moves to on August 1, 1873, after the birth of Robert. "This part of town is one of the ugliest in Paris," writes Proust. On the ground floor, there is the tailor's boutique of Eppler, as well as Sandt and Laborde, as in Remembrance of Things Past, *the boutique of the tailor Jupien, in the courtyard of the Guermantes mansion. The building comprises seven floors, reachable by elevator. The Proust apartment has seven rooms and one bathroom. Fernand Gregh reminisces: "The impression I've kept [...] is of a rather dark interior, bursting with heavy furniture, weather-stripped with curtains, stuffed with carpets, everything black and red, the Platonic apartment, not really that far removed from the somber bric-à-brac of Balzac's time."*

Bal costumé de la princesse de Léon, duchesse Herminie de Rohan-Chabot (1853-1926), qui portait le titre de princesse de Léon avant d'épouser le duc Alain de Rohan. Elle donne des bals costumés dont parle le Tout-Paris. Ici, celui du 26 mai 1891. (Paul Nadar prend cette photo quelques jours après la réception.) Au sein de ce gotha, on distingue Boni de Castellane (deuxième debout à droite) en maréchal de Saxe, perruque poudrée et manteau bordé de zibeline. Dans *La Recherche*, le narrateur rapporte que Swann prétend que « les bals chez la princesse de Léon n'avaient aucune importance. Mais c'était pourtant à ce genre de plaisirs qu'il employait sa vie. Je trouvais tout cela contradictoire. »

The costume ball of the Princesse de Léon (Duchesse Herminie de Rohan-Chabot, 1853-1926, who carried the title of Princesse de Léon before her wedding to the Duc Alain de Rohan). She organizes costumed balls attended by all the Parisian socialites. Here, the one given on May 26, 1891. (Paul Nadar took this photo a few days after the reception.) Amidst this Gotha, one notices Boni de Castellane (standing, second from the right) disguised as the Maréchal de Saxe, powdered wig, coat embroidered with sable fur. In Remembrance of Things Past*, the narrator claims that Swann pretends: "to dismiss the balls of the Princesse de Léon as being of no importance. And yet it was to just that sort of amusement that he was devoting his life. I found this contradictory."*

Coll. part.

Le 1er octobre 1900, les Proust emménagent dans leur nouvel appartement au 45, rue de Courcelles, à l'angle de la rue de Monceau. L'appartement est situé au premier étage au-dessus de l'entresol et pourvu d'un balcon. M. et Mme Proust y font chambre à part ; chaque garçon a sa chambre, le père son cabinet médical. Le professeur Adrien Proust s'éteint à cette adresse le 26 novembre 1903, au lendemain de la naissance de Suzy, la fille de Robert. Son père décédé et son frère marié, Marcel se retrouve seul avec sa mère, qui meurt deux ans après son époux. Le 45, rue de Courcelles est dès lors trop vaste pour lui et, le 27 décembre 1906, il emménage au 102, boulevard Haussmann.

On October 1, 1900, the Proust family settles in their new apartment, at 45, Rue de Courcelles, on the corner of the Rue de Monceau. The apartment is on the first floor, above the mezzanine, with a balcony. M. and Mme Proust sleep in separate bedrooms; each boy has his own room, while the father has his medical cabinet on the premises. Professor Adrien Proust died at this address on November 26, 1903, the day after the birth of Suzy, daughter of Robert. His father deceased and his brother married, Marcel finds himself alone with his mother, who dies two years after her husband. Suddenly the 45, Rue de Courcelles is too big for him and, on December 27, 1906, he moves to 102, Boulevard Haussmann.

Gustave Caillebotte, *Un balcon, boulevard Haussmann*, 1880. Le large boulevard a été percé entre 1857 et 1862. Il correspond aux critères du nouvel urbanisme : la voie haussmannienne est large et droite, pourvue d'amples trottoirs plantés d'arbres, bordés d'immeubles cossus en pierres de taille, à porte cochère et balcons en fer forgé. Gustave Caillebotte partage avec son frère un appartement au nº 31 ; depuis le sixième étage, le balcon surplombe les frondaisons. Proust emménage au deuxième étage (premier au-dessus de l'entresol) du 102, boulevard Haussmann en décembre 1906, dans un immeuble qui appartient à son grand-oncle, Louis Weil. C'est un grand appartement de six pièces où il voit « le triomphe du mauvais goût bourgeois ». De nombreux inconvénients l'incommodent : la poussière du boulevard, le pollen des marronniers qui lui provoque des crises d'asthme. En 1910, sur le conseil d'Anna de Noailles, il fait tapisser les murs de sa chambre, qui donne sur le boulevard, d'un revêtement de liège. C'est à cette adresse qu'il écrit la plus grande partie de son œuvre.

Gustave Caillebotte, A Balcony, Boulevard Haussmann, *1880. The wide boulevard is pierced between 1857 and 1862. It meets the requirements of a new urbanism: the Haussmannian way is wide and straight, with large sidewalks planted with trees, bordered by handsome freestone buildings, featuring carriage porches and balconies in wrought iron. Gustave Caillebotte has an apartment at nº 31, which he shares with his brother; from the sixth floor, the balcony overlooks the tree tops. Proust moves to the second floor (the first one above the mezzanine) at 102, Boulevard Haussmann in December 1906, in a building belonging to his great-uncle, Louis Weil. It's a big apartment comprising six rooms where he sees "the triumph of bourgeois bad taste." There are many inconveniences that bother him: the dust of the boulevard, the pollen of the chestnut trees that give him chronic asthma. In 1910, following the advice of Anna de Noailles, he has the walls of his room, giving onto the boulevard, upholstered with cork. The greatest part of his work was written at this address.*

Coll. part.

G. Caillebotte

Le comte Henry Greffulhe (1848-1932) est immensément riche. Le peintre Jacques-Émile Blanche compare son allure à celle d'un roi de jeu de cartes. Il épouse Élisabeth en 1878. La famille Greffulhe possède un vaste hôtel particulier qu'on surnomme « le Vatican », contigu à des immeubles de rapport dont les jardins communiquent, sis aux 8 et 10, rue d'Astorg. Il est le modèle proustien du duc de Guermantes.

The Comte Henry Greffulhe (1848-1932) is immensely wealthy. Painter Jacques-Émile Blanche compares him, physically, to the king in a game of cards. He is married to Élisabeth in 1878. The Greffulhe family owns a very large private mansion, surnamed "the Vatican," contiguous to rental buildings, whose gardens communicate, at n° 8 and 10, Rue d'Astorg. He is the Proustian model for the Duc de Guermantes.

Coll. part.

PAGE 43

La comtesse Greffulhe, née Élisabeth de Caraman-Chimay (1860-1952), est la cousine du comte Robert de Montesquiou. Lequel présente Marcel Proust au couple en 1894. Elle est, avec Mme de Chevigné, un modèle pour la duchesse de Guermantes. Elle possède une baignoire d'avant-scène à l'Opéra ; c'est là que Proust la représente en princesse de Guermantes, à grand renfort de métaphores marines. « Je ne sais combien de fois je suis allé à l'Opéra rien que pour admirer son port quand elle gravissait l'escalier », dit-il. En 1913, Proust lui fait porter un exemplaire de *Swann*. La comtesse Greffulhe n'en découpera pas les pages.

The Comtesse Greffulhe, born Élisabeth de Caraman-Chimay (1860-1952), is the cousin of the Comte Robert de Montesquiou, who presents Marcel Proust to the couple in 1894. She is, with Mme de Chevigné, a model for the Duchesse de Guermantes. She owns a box at the Opéra; this is where Proust represents her as the Princesse de Guermantes, strongly reinforced by nautical metaphors. "I can't tell how many times I went to the Opera, just to admire her bearing as she went up a stairway," he wrote. In 1913, Proust has a copy of Swann *taken to her. The Comtesse Greffulhe never even cut the pages.*

Images fugitives de Marcel Proust dans un film. Un chercheur canadien, Jean-Pierre Sirois-Trahan, de l'Université Laval à Québec, a découvert dans les archives du CNC la première, et unique à ce jour, apparition cinématographique de Proust. La scène se déroule le 14 novembre 1904 au mariage d'Élaine, la fille unique de la comtesse Greffulhe, avec le duc Armand de Guiche, ami de Proust, fils du duc de Gramont et de Marguerite de Rothschild. Les convives descendent les marches de l'église de la Madeleine. Celui qui semble bien être Proust, âgé alors de 33 ans, dénote par ses vêtements avec les autres invités : au lieu de porter un haut-de-forme et une jaquette noire, il est vêtu d'un pardessus gris perle et coiffé d'un chapeau melon. Il semble pressé de dévaler les marches, dans une attitude peu protocolaire.

Fleeting images of Marcel Proust in a film. A Canadian researcher, Jean-Pierre Sirois-Trahan, from the Laval University in Quebec, discovered in the archives of the CNC, the first, and unique to this day, cinema appearance of Proust. This sequence takes place on November 14, 1904 during the wedding of Élaine, only daughter of the Comtesse Greffulhe, with the Duc Armand de Guiche, a friend of Proust, son of the Duc de Gramont and Marguerite de Rothschild. The guests are walking down the steps of the Madeleine church. The one who seems to be Proust, aged 33 at the time, differentiates himself from the other guests: instead of wearing a top hat and black morning coat, he is dressed with a pearl grey overcoat and a bowler hat. He seems in a great hurry to rush down the steps, with an attitude far from protocol.

Coll. part.

La comtesse Anna de Noailles (1876-1933), poétesse, habite avec son mari, Mathieu de Noailles, au 109, avenue Henri-Martin. À partir de 1910, ce sera au 40, rue Scheffer. Sa mère est la princesse d'origine roumaine Rachel de Brancovan, grande interprète de Chopin ; sa sœur est Hélène, princesse de Caraman-Chimay, dont le mari est le frère de Mme Greffulhe. Anna de Noailles est, avec son mari, une des toutes premières dreyfusardes, au grand dam de Maurice Barrès. En septembre 1910, c'est sur ses conseils que Proust fait tapisser les murs de sa chambre qui donne sur le boulevard Haussmann d'un revêtement d'épaisses plaques de liège.

The Comtesse Anna de Noailles (1876-1933), poetess, lives with her husband, Mathieu de Noailles, at 109, Avenue Henri-Martin. From 1910, it will be at 40, Rue Scheffer. Her mother, of Romanian origin, is the Princesse Rachel de Brancovan, leading interpret of Chopin; her sister is Hélène, Princesse de Caraman-Chimay, whose husband is the brother of Mme Greffulhe. Anna de Noailles is, with her husband, one of the very first supporters of the Dreyfus case, to the great displeasure of Maurice Barrès. In September 1910, it's following her advice that Proust upholsters the walls of his room on Boulevard Haussmann with thick cork plaques.

A MADAME

PAGE 46

Mme Georges Bizet, née Geneviève Halévy (1849-1926), est la fille du compositeur Fromental Halévy, auteur de *La Juive*. Elle épouse d'abord Georges Bizet, l'auteur de *Carmen*, puis en secondes noces l'avocat des Rothschild, Émile Straus. Elle est la mère du condisciple de Marcel au lycée Condorcet, Jacques Bizet, lui-même cousin de Daniel Halévy, lesquels, avec Robert Dreyfus, forment un petit « clan ».

Mme Georges Bizet, born Geneviève Halévy (1849-1926), is the daughter of composer Fromental Halévy, author of La Juive*. First married to Georges Bizet, author of* Carmen*, then as a second marriage to the Rothschild family's lawyer, Émile Straus. She is the mother of Marcel's classmate at the Lycée Condorcet, Jacques Bizet, himself cousin of Daniel Halévy—all of whom, with Robert Dreyfus, form a small "clique."*

La même, devenue Mme Straus, dont Proust est aussitôt amoureux. Dès l'âge de 20 ans, il lui écrit de très nombreuses lettres parmi les plus importantes de sa correspondance, y compris des lettres d'amour. Geneviève Straus tient, à l'entresol du 134, boulevard Haussmann, au coin de l'avenue de Messine, puis en 1898 au 104, rue de Miromesnil, un salon dreyfusard et littéraire dont Proust s'inspire à la fois pour décrire le salon des Verdurin et celui des Guermantes.

The same, now Mme Straus, of whom Proust is immediately enamored. Since he was 20 years old, he has written her many letters, amongst the most important of his correspondence, including love letters. At 134, Boulevard Haussmann, on the corner of Avenue de Messine, then in 1898 at 104, Rue de Miromesnil, Geneviève Straus hosts a pro-Dreyfus and literary salon from which Proust inspires himself to describe those of the Verdurin and the Guermantes.

PAGES 50-51

Au 8, rueFranklin, à Passy, quartier que Montesquiou surnomme « le Chelsea de Paris ». Au rez-de-chaussée, l'appartement du poète donne sur un jardin surplombant en terrasse le boulevard Delessert. Le jardin est planté d'arbres nains du Japon qu'entretient Hata, un jardinier lui-même japonais. Des thuyas centenaires sont disposés dans des pots de porcelaine. Un jardin de rochers est aménagé où un valet, également japonais, dispose des lanternes le soir. L'immeuble est contigu au jardin du collège des jésuites Saint-Louis de Gonzague. Ce lieu a accueilli Georges Clemenceau de 1896 à 1929 et abrite depuis 1931 son musée.

At 8, Rue Franklin, in Passy, a district referred to by Montesquiou as "the Chelsea of Paris." From the ground floor, the poet's apartment gives onto a garden whose terrace overlooks the Boulevard Delessert. The garden is planted with miniature trees from Japan pruned by a Japanese gardener, Hata. Centennial cedars are placed in porcelain pots. There is a rock garden where a valet, also Japanese, sets up lanterns at night. The building is contiguous to the garden of the Jesuit boy's school, Saint-Louis de Gonzague. The premises welcomed Georges Clemenceau from 1896 to 1929 and have been home to his museum since 1931.

Le comte Robert de Montesquiou-Fezensac (1855-1921) est un poète symboliste et décadent. C'est le modèle principal du baron de Charlus, homme de haute culture et de haute naissance. Parmi ses ancêtres, on distingue Charles de Batz, d'après lequel Alexandre Dumas composa le personnage de d'Artagnan. Montesquiou est aussi le modèle du des Esseintes d'*À rebours* (1884), le personnage de Huysmans. Il habite au 8, rue Franklin un appartement au rez-de-chaussée donnant sur un jardin japonais (actuel musée Clemenceau). Proust le rencontre en mars 1893 chez Madeleine Lemaire lors d'un récital de ses poèmes. Montesquiou lui ouvre le faubourg Saint-Germain, comme Charlus le fait au narrateur de *La Recherche*. Il se fâche avec Proust, inconsolable, dit-on, d'avoir été caricaturé en Charlus.

The Comte Robert de Montesquiou-Fezensac (1855-1921) is a symbolist and decadent poet. He is the main model for the Baron de Charlus, a man of great culture and noble birth. Amongst his ancestors, one finds Charles de Batz, the man after whom Alexandre Dumas created the character of d'Artagnan. Montesquiou is also the model for Jean des Esseintes in À rebours *(1884), the character of Huysmans. He lives at 8, RueFranklin in a ground floor apartment giving onto a Japanese garden (the current Musée Clemenceau). Proust meets him in March 1893, at the home of Madeleine Lemaire during a recital of his poems. Montesquiou opens up for him the Faubourg Saint-Germain, as Charlus does for the narrator of* Remembrance of Things Past. *He becomes angry with Proust, inconsolable, it is said, for having been caricatured as Charlus.*

PAGES 54-55

Claude Monet, *La Gare Saint-Lazare*, 1877. C'est la gare qu'emprunte le narrateur pour se rendre à Balbec. Il y éprouve l'angoisse habituelle de savoir qu'il ne dormira pas dans son lit le soir : « Il faut laisser toute espérance de rentrer coucher chez soi, une fois qu'on s'est décidé à pénétrer dans l'antre empesté [...], dans un de ces grands ateliers vitrés, comme celui de Saint-Lazare où j'allai chercher le train de Balbec, et qui déployait au-dessus de la ville éventrée un de ces immenses ciels crus et gros de menaces amoncelées de drame... »

Claude Monet, Gare Saint-Lazare railway station, *1877. This is where the narrator boards his train when he goes to Balbec. He suffers from the usual anxiety of knowing that he will not sleep in his own bed in the evening: "We must lay aside all hope of going home to sleep in our own bed, once we have made up our mind to penetrate into the pestiferous cavern[...], into one of those vast, glass-roofed sheds, like that of Saint-Lazare into which I must go to find the train for Balbec, and which extended over the rent bowels of the city one of those bleak and boundless skies, heavy with an accumulation of dramatic menaces..."*

Paris, musée d'Orsay

Reynaldo Hahn (1874-1947) est originaire de Caracas, au Venezuela. Il habite à Paris dans l'hôtel particulier de ses parents au 6, rue du Cirque. Proust le rencontre en 1894 à l'un des « mardis » de Madeleine Lemaire, rue de Monceau, où le musicien, élève de Massenet, chante ses compositions *Les Chansons grises* qui comprend sept poèmes de Verlaine. Ils se revoient la même année au château de Réveillon, dans la Marne, toujours chez Madeleine Lemaire, et passent quatre semaines ensemble. La cousine anglaise de Reynaldo Hahn, Marie Nordlinger, permettra à Proust de traduire John Ruskin. C'est encore à Reynaldo, « la personne qu'avec Maman j'aime le mieux au monde », que Marcel lit la première fois *Du côté de chez Swann*.

Reynaldo Hahn (1874-1947) is originally from Caracas, Venezuela. He lives in Paris in the private mansion of his parents at 6, Rue du Cirque. Proust meets him in 1894 during one of the "Tuesdays" of Madeleine Lemaire, Rue de Monceau, where the musician, student of Massenet, sings his compositions, Les Chansons grises, *including seven poems by Verlaine. They run into each other another time, the same year at the Château de Réveillon, in the Marne, again as guests of Madeleine Lemaire, and spend four weeks together. The English cousin of Reynaldo Hahn, Marie Nordlinger, enables Proust to translate John Ruskin. And it's again to Reynaldo, "the person who with Mamma I love the most in the world," that Marcel reads out for the first time* Swann's Way.

Gustave Caillebotte, *Rue de Paris, temps de pluie*, 1877. La scène est située dans le quartier de l'Europe (au nord de la gare Saint-Lazare), s'ouvrant sur l'actuelle place de Dublin et les perspectives de la rue de Moscou à gauche, de la rue Clapeyron au centre et de la rue de Turin à droite. Zola, qui jusque-là n'apprécie guère Caillebotte, écrit à propos de ce tableau : « M. Caillebotte, un jeune peintre du plus beau courage et qui ne recule pas devant les sujets modernes grandeur nature. Sa *Rue de Paris, par temps de pluie* montre des passants, surtout un monsieur et une dame au premier plan qui sont d'une belle vérité. [...] M. Caillebotte sera certainement un des plus hardis du groupe [impressionniste]. »

Gustave Caillebotte, Paris Street, Rainy Day, *1877. The scene is located in the Quartier de l'Europe (north of Gare Saint-Lazare), opening up onto what is today the Place de Dublin and the perspectives of the Rue de Moscou on the left, the Rue Clapeyron in the middle and the Rue de Turin to the right. Zola, who until then did not really appreciate Caillebotte, writes about the painting: "M. Caillebotte, a young painter of the most beautiful courage, and who does not give up in front of full-size modern subjects. The figures he describes in his* Paris Street, Rainy day, *man and woman in the foreground, are beautifully truthful in their realism [...] M. Caillebotte could be regarded as "one of the boldest of the group" [of Impressionists].*

Chicago, Art Institute of Chicago

Madeleine Lemaire (1845-1928) dans son atelier du 31, rue de Monceau, surnommé « l'atelier des roses » – elle y peint des fleurs et en particulier des roses... Elle reçoit le faubourg Saint-Germain les mardis, d'avril à juin. « C'est elle, dit Dumas fils dont elle fut la maîtresse, qui a créé le plus de roses après Dieu. » Montesquiou l'appelle « l'impératrice des roses ». Proust est reçu chez elle vers 1891 ou 1892, introduit par Reynaldo Hahn, et s'en inspire pour les « mercredis » de Mme Verdurin. C'est elle qui a suscité la formule très Verdurin : « Je ne veux pas de ça chez moi ! » On donne dans son salon des soirées musicales. Proust y entend pour la première fois la *Sonate pour piano et violon en ré mineur* de Saint-Saëns, origine hypothétique de la fameuse *Sonate de Vinteuil.*

Madeleine Lemaire (1845-1928) in her workshop at 31, Rue de Monceau, also known as "the roses workshop" (because she paints flowers and particularly roses...). She hosts the Faubourg Saint-Germain socialites every Tuesday, from April to June. "She is the one, says Dumas son, whose mistress she was, who created the most roses after God". Montesquiou calls her the "Empress of roses." Proust is hosted by her around 1891 or 1892, introduced by Reynaldo Hahn, and draws his inspiration for the "Wednesdays" of Mme Verdurin. She is the one who coined the very Verdurin formula: "I want none of this in my place!" Musical evenings take place in her drawing-room. Proust listens for the first time to the Sonata for piano and violin in D minor *by Saint-Saëns, hypothetical origin of the famous* Sonate de Vinteuil.

Mme Arman de Caillavet, née Léontine Lippmann (1844-1910), habite un hôtel particulier au 12, avenue Hoche. Proust est introduit en 1889 dans son salon du premier étage qui a la forme d'une vaste galerie. Un témoin, Élisabeth de Gramont, duchesse de Clermont-Tonnerre, a pu dire: « On avait l'impression d'être dans une gare, dont [Anatole] France était naturellement le chef. » La maîtresse des lieux a épousé Albert Arman en 1868 (dont la mère s'appelait Caillavet) et devient l'égérie d'Anatole France (un des modèles pour Bergotte) qu'elle rencontre en 1883. Elle fournit aussi quelques traits pour Mme Verdurin (qui revendique hautement son dreyfusisme).

Mme Arman de Caillavet, born Léontine Lippmann (1844-1910), lives in a private mansion at 12, Avenue Hoche. In 1889, Proust is introduced in her drawing-room on the first floor in the shape of a large gallery. A witness, Élisabeth de Gramont, the Duchesse de Clermont-Tonnerre, commented: "One had the impression of being in a train station, of which [Anatole] France was naturally the stationmaster." The hostess was wed to Albert Arman in 1868 (whose mother was a Caillavet) and becomes the muse of Anatole France (one of the models for Bergotte) whom she meets in 1883. She also supplies a few character traits for Mme Verdurin (who claims loudly that she is pro-Dreyfus).

Gaston de Caillavet (1869-1915) est le condisciple de Proust au lycée Condorcet, mais dans une classe différente car il a deux ans de plus. Tous deux se lient d'amitié dès leur rencontre, en 1890, chez Mme de Caillavet, à l'occasion d'une permission. Ils accomplissent alors leur service militaire, Gaston à Versailles, Proust à Orléans. Gaston de Caillavet fournira des traits du personnage de Saint-Loup, qui prépare l'École de Saumur et réside en garnison à Doncières. Il écrira des vaudevilles et des opéras-bouffes célèbres en leur temps, parfois avec Robert de Flers. Caillavet habite au 40, rue de Courcelles. Il épouse Jeanne Pouquet en 1893, dont il aura une fille l'année suivante. Cette petite Simone deviendra plus tard Mme André Maurois.

Gaston de Caillavet (1869-1915) is a classmate of Proust at the Lycée Condorcet, but in a different class since he is two years older. Both become friends right from the start, in 1890, at the house of Mme de Caillavet, while they are on leave. At the time, they are both fulfilling their compulsory military service—Gaston in Versailles, Proust in Orléans. Gaston de Caillavet is the inspiration for certain character traits of Saint-Loup, who is preparing the École de Saumur and resides in the military garrison of Doncières. He went on to write vaudevilles and comic operas, famous at the time, sometimes with Robert de Flers. Caillavet lived at 40, Rue de Courcelles. Married to Jeanne Pouquet in 1893, they had a daughter the following year. Little Simone later became Mme André Maurois.

Henri Meyer, *Le Traître – Dégradation d'Alfred Dreyfus*, illustration publiée en une du *Petit Journal*, supplément illustré du dimanche 13 janvier 1895. L'affaire Dreyfus constitue dans la vie et l'œuvre de Proust, comme dans la société française de la Belle Époque, un véritable bouleversement. Les personnages de *La Recherche*, par leurs opinions changeantes ou contradictoires face à « l'Affaire », traduisent cette soudaine perte de repères. Le milieu Guermantes est ostensiblement antidreyfusard. Pourtant, en secret, on croit en l'innocence du capitaine. Seul parmi les Guermantes, « l'homme d'idées » Saint-Loup est résolument dreyfusard. Chez les Verdurin, grands bourgeois, être pour ou contre Dreyfus est fonction de leurs intérêts mondains. Mais celui qui reflète le mieux la position de Proust lui-même est Albert Bloch, l'ami du narrateur, dreyfusard militant du début à la fin. Quant à Swann, arrivé à la fin de sa vie, il déclare : « Je voudrais bien vivre assez pour voir Dreyfus réhabilité et Picquart colonel. »

Henri Meyer, Le Traître – Dégradation d'Alfred Dreyfus, *illustration published on the front page of* Le Petit Journal, *an illustrated supplement, published Sunday, January 13, 1895. The Dreyfus Affair constitutes in the life and work of Proust, as in the French society of La Belle Époque, a true upheaval. Through their changing or contradictory opinions regarding the "Affair," the characters of* Remembrance of Things Past, *translate this sudden loss of bearings. The Guermantes circle is ostensibly anti-Dreyfus. Yet, secretly, one believes in the innocence of the captain. Saint-Loup, "a man with ideas" is the only one amongst the Guermantes who is resolutely pro-Dreyfus. Amongst the very bourgeois Verdurin, being for or against Dreyfus depends on their socialite interests. But the one who best highlights the position of Proust himself is Albert Bloch, a friend of the narrator, a committed 'Dreyfusard' from the beginning until the end. As for Swann, having reached the end of his life he declares: "I should like to live long enough to see Dreyfus rehabilitated and Picquart a colonel."*

Le Petit Journal

Le Petit Journal
CHAQUE JOUR 5 CENTIMES
Le Supplément illustré
CHAQUE SEMAINE 5 CENTIMES

SUPPLÉMENT ILLUSTRÉ
Huit pages : CINQ centimes

ABONNEMENTS

	TROIS MOIS	SIX MOIS	UN AN
PARIS	1 fr.	2 fr.	3 fr 50
DÉPARTEMENTS	1 fr.	2 fr.	4 fr.
ÉTRANGER	1 50	2 50	5 fr.

Sixième année — DIMANCHE 13 JANVIER 1895 — Numéro 217

LE TRAITRE

Dégradation d'Alfred Dreyfus

Charles Haas (1832-1902) habite au 85, avenue de Villiers, non loin de la place Malesherbes. Avec, dans une moindre mesure, Charles Ephrussi, il est le modèle, célèbre et adulé en son temps, de Charles Swann, tout aussi séduisant et érudit en matière d'art. À la parution de *Du côté de chez Swann*, chacun reconnaît sous le personnage fictif la personne réelle. En vérité, Proust ne connaît qu'à peine Charles Haas, mais sa fascination est immense. Il est membre du prestigieux Jockey Club, seul Juif avec les Rothschild à y être admis. Il est inhumé dans une petite chapelle au Père-Lachaise.

Charles Haas (1832-1902) lives at 85, Avenue de Villiers, not far from the Place Malesherbes. With, in a lesser measure, Charles Ephrussi, he is the model, famous and revered in his time, of Charles Swann, just as seductive and knowledgeable about art. Upon the publication of Swann's Way, *each one recognizes the real person behind the fictional character. In reality, Proust barely knows Charles Haas, but his fascination is immense. He is a member of the prestigious Jockey Club, the only Jew along with Rothschild to be admitted. He is buried in a small chapel of the Père-Lachaise cemetery.*

Le même, vers 63 ans. Il a fréquenté la Cour impériale, et le Tout-Paris aristocratique du faubourg Saint-Germain le consulte volontiers pour ses compétences en peinture italienne. Il est l'ami du prince de Galles et du comte de Paris. Boni de Castellane dit de lui qu'il est « merveilleux d'intuition, de finesse et d'intelligence ». Tout comme Swann, il a une fille, Luisita. Ses succès féminins ont été fort nombreux.

The same, around 63 years old. Often invited to the Imperial Court, the aristocratic Gotha of the Faubourg Saint-Germain willingly asked his advice regarding Italian paintings. He was friends with the Prince of Wales and the Comte de Paris. Boni de Castellane said of him that he had "marvelous, intuition, refinement and intelligence." Just like Swann, he has a daughter, Luisita. He was definitely a lady's man.

PAGES 66-67

James Tissot, *Le Cercle de la rue Royale*, 1868. Comme *L'Illustration* du 10 juin 1922 rend compte d'une exposition au musée des Arts décoratifs, "Le Décor de la vie sous le Second Empire", un ami de Proust, Paul Brach, découpe la reproduction du tableau et la lui envoie. Marcel est très ému : tous ces personnages renvoient à des gens qu'il a connus jadis (notamment le marquis du Lau, le marquis de Galliffet, le prince Edmond de Polignac...) et surtout au personnage central de son livre, le dandy Swann-Haas, debout sur une marche, un peu à l'écart à droite, près de la porte. Il est âgé de 35 ans à l'époque où se déroule *Un amour de Swann*, époque antérieure à la naissance de Proust.

James Tissot, The Circle of the Rue Royale, *1868. Since* L'Illustration *of June 10, 1922, recalls an exhibition at the Musée des Arts Décoratifs, "Le Décor de la vie sous le Second Empire," a friend of Proust, Paul Brach, cut out the reproduction of the painting and sent it to him. Marcel was very moved: all these characters made him reminisce about those he knew in the past (notably the Marquis du Lau, the Marquis de Galliffet, the Prince Edmond de Polignac...) and essentially the main character of his book—dandy Swann-Haas, standing on a step, a little aside to the right, near the door. He is then 35 at the time when* Swann in Love *is taking place, a period before the birth of Proust.*

Paris, musée d'Orsay

Jean Cocteau (1889-1963) rencontre Proust vers 1909 ou 1910 dans le salon de Mme Straus. Âgé d'une vingtaine d'années, Cocteau habite encore chez sa mère, au 10, rue d'Anjou, non loin de la Madeleine. Ils fréquentent le même monde : Lucien Daudet, Montesquiou, Anna de Noailles, Mme de Chevigné... Ils s'enthousiasment également pour les Ballets russes et Stravinski. Cocteau emmènera Proust au tout récent Bœuf sur le toit, qu'il a « lancé », au 28, rue Boissy-d'Anglas. En 1920, Proust envoie un exemplaire de *Du Côté de Guermantes I* à Mme de Chevigné qui exhorte son ami Cocteau à lui « indiquer les pages où il parle [d'elle] ». Proust se plaint auprès du même Cocteau de la désinvolture de la comtesse. Réponse de l'intéressé : « Fabre a écrit un livre sur les insectes mais il n'a pas demandé aux insectes de le lire. »

Jean Cocteau (1889-1963) meets Proust around 1909 or 1910 in the drawing-room of Mme Straus. In his twenties at the time, Cocteau is still living with his mother, at 10, Rue d'Anjou, not very far from the Madeleine. They socialize with the same people: Lucien Daudet, Montesquiou, Anna de Noailles, Mme de Chevigné... They are also very enthusiastic about the Russian Ballets and Stravinski. Cocteau takes Proust to the recently opened Bœuf sur le toit, which he "launched," at 28, Rue Boissy-d'Anglas. In 1920, Proust sends a copy of The Guermantes Way I *to Mme de Chevigné, who asks Cocteau to "indicate which are the pages where he speaks [of her]." Proust complains to the same Cocteau of her lack of interest. Answer from the one concerned: "Fabre wrote a book on insects, but he did not ask the insects to actually read it."*

PAGE 70

Sarah Bernhardt (1844-1923) dans *Phèdre*, de Racine, rôle qu'elle interprète souvent et qu'elle reprend en 1893 au théâtre de la Renaissance, porte Saint-Martin. Proust s'en inspire pour son personnage de la Berma. « Seule l'idée qu'on allait me laisser entendre la Berma me distrayait de mon chagrin. Mais de même que je ne souhaitais voir des tempêtes que sur les côtes où elles étaient les plus violentes, de même je n'aurais voulu entendre la grande actrice que dans un de ces rôles classiques où Swann m'avait dit qu'elle touchait au sublime. »

Sarah Bernhardt (1844-1923) in Phèdre, *by Racine, a role she often interprets and for which she performs once again in 1893 at the Théâtre de la Renaissance, Porte Saint-Martin. Proust draws his inspiration from her for his character of Berma. "The recollection that I was to be taken to hear Berma alone distracted me from my grief. But just as I did not wish to see any storms except on those coasts where they raged with most violence, so I should not have cared to hear the great actress except in one of those classic parts in which Swann had told me that she touched the sublime."*

Réjane (1856-1920) est un autre modèle de la Berma. Proust l'admire depuis toujours et il est ami avec son fils, Jacques Porel. L'actrice (au deuxième étage), Jacques, sa jeune épouse et leur bébé (au troisième) habitent un hôtel particulier au 8 bis, rue Laurent-Pichat, près de l'avenue Foch, non loin du bois de Boulogne. Quand Proust doit quitter le 102, boulevard Haussmann, au début de 1919, le fils de Réjane lui propose d'emménager pour un temps chez eux. Ce qu'il fait le 26 mai. Proust dédicace à Réjane un exemplaire d'*À l'ombre des jeunes filles en fleurs*, avec ses « respectueux hommages d'un locataire insupportable ».

Réjane (1856-1920) is another role model for Berma. Proust has long admired her and is friends with her son, Jacques Porel. The actress (on the second floor), Jacques, his young wife and their baby (on the third floor) live in a private house at 8 bis, Rue Laurent-Pichat, near the Avenue Foch, not very far from the Bois de Boulogne. When Proust must leave the 102, Boulevard Haussmann, at the beginning of 1919, the son of Réjane suggests he move in with them for a while. Which he does on the 26th of May. Proust dedicated a copy of Within a Budding Grove *to Réjane, with the "respectful homages of an impossible tenant."*

Louisa de Mornand (1884-1963), comédienne (au théâtre et au cinéma) et demi-mondaine, est la maîtresse en titre de Louis d'Albufera, ami de Proust. Proust est amoureux d'elle et tente de la « lancer ». Proust est coutumier des relations amoureuses triangulaires. Avec Louisa de Mornand et d'Albufera, depuis qu'il a fait leur connaissance en 1903, il réitère les mêmes relations qu'il a entretenues avec Jeanne Pouquet et Gaston de Caillavet. Dans *La Recherche*, Louisa prête de nombreux traits à Rachel, dite « Rachel quand du Seigneur » (selon l'air fameux de *La Juive*, l'opéra d'Halévy), la maîtresse de Robert de Saint-Loup. Le narrateur la rencontre d'abord dans une maison de passe.

Louisa de Mornand (1884-1963), comedian (at the theatre and the cinema) and demi-mondaine courtesan, is the official mistress of Louis d'Albufera, a friend of Proust. Actually, Proust is in love with her and tries to promote her career. Proust is customary of triangular love relationships. With Louisa de Mornand and Albufera, with whom he became acquainted in 1903, he repeats a pattern of relationship similar to what he had with Jeanne Pouquet and Gaston de Caillavet. In Remembrance of Things Past, *many of Louisa's traits can be found in Rachel, known as "Rachel quand du Seigneur" (according to the famous aria lyrics of* La Juive, *the opera of Halévy), the mistress of Robert de Saint-Loup. The narrator first meets her in a brothel.*

Pour le narrateur, les jardins des Champs-Élysées sont le contraire d'une fête. C'est un endroit qu'il qualifie de « douloureux » car le quartier est celui où habitent les Swann, et en particulier leur fille Gilberte, dont il est amoureux. Sentiment qu'il suppose non réciproque. Néanmoins, chaque matin, il épie le ciel depuis son balcon pour voir si, ce jour-là, elle viendra avec ses petites amies jouer aux barres sur les pelouses des Champs-Élysées.

For the narrator, the gardens of the Champs-Élysées are quite the opposite of a pleasant moment. It's a place which he qualifies as "painful" because the area is the one where the Swann family lives, and particularly their daughter Gilberte, whom he is in love with. A sentiment which he assumes is not mutual. Nonetheless, each morning, he scrutinizes the sky from his balcony to see if, that day, she might come out with her little friends to play a game of 'prisoner's-base' on the lawns of the Champs-Élysées.

Françoise emmène le narrateur aux Champs-Élysées, même les jours de tempête où, en principe, Gilberte Swann ne viendra pas. Il s'y ennuie à côté des chevaux de bois, encore plein d'espoir d'entendre une jeune fille crier le nom de Gilberte. « Tout à coup l'air se déchira entre le guignol et le cirque, à l'horizon embelli, sur le ciel entrouvert, je venais d'apercevoir, comme un signe fabuleux, le plumet bleu de Mademoiselle [l'institutrice de Gilberte]. Et déjà Gilberte courait à toute vitesse dans ma direction, étincelante et rouge sous un bonnet carré de fourrure… »

Françoise takes the narrator to the Champs-Élysées, even in stormy weather when, generally, Gilberte Swann will not come. He sulks near the wooden horses, still filled with the hope of hearing a young girl cry out the name of Gilberte. "Suddenly the sky was rent in two; between the punch-and-judy and the horses, against the opening horizon, I had just seen, like a miraculous sign Mademoiselle's blue feather. And now, Gilberte was running at full speed towards me, sparkling and rosy beneath a cap trimmed with fur…"

La Fontaine des Ambassadeurs (dite aussi fontaine de Vénus) a été construite, avec trois autres, en 1840 par Jacques Hittorff dans les jardins des Champs-Élysées, près de la place de la Concorde. Elle est surmontée de la statue de Vénus prenant son bain dans une grande vasque en pierre due au sculpteur Francisque Duret. Le nom de la fontaine vient du café Les Ambassadeurs, situé non loin. C'est dans ces jardins que Marcel retrouve ses camarades de Condorcet, ainsi que ses petites amies, Antoinette Faure et Marie de Benardaky. Dans *La Recherche*, le narrateur y rejoint Gilberte et ses amies pour des parties de barres. Swann vient parfois chercher sa fille. Il s'assoit sur une chaise de fer tandis que les adolescents commencent « à jouer sur la pelouse, faisant envoler les pigeons, dont les beaux corps irisés [...] venaient se réfugier comme en des lieux d'asile, tel sur le grand vase de pierre [...], tel autre sur le front de la statue ».

The Fontaine des Ambassadeurs (also known as the fountain of Venus) was built, with three others, in 1840, by Jacques Hittorff in the Champs-Élysées gardens, near the Place de la Concorde. It is surmounted by the statue of Venus bathing in a large stone vat created by sculptor Francisque Duret. The fountain is named after the café Les Ambassadeurs, not very far. It's in these gardens that Marcel meets his Condorcet classmates, as well as his young girlfriends, Antoinette Faure and Marie de Benardaky. In Remembrance of Things Past, *the narrator meets Gilberte and her friends to play the 'prisoner's-base' game. Swann occasionally comes to pick up his daughter. He sits on an iron chair watching the adolescents: "we began our game upon the lawn, scattering the pigeons, whose beautiful iridescent bodies [...] to take refuge as in so many sanctuaries, one on the great basin of stone [...], another on the head of the statue."*

Coll. part

C'est devant les chevaux de bois ou le guignol que le narrateur rencontre les amies de Gilberte qui annoncent sa présence et la perspective d'une partie de barres. Avec Françoise, ils s'y rendent parfois en fiacre qui les dépose avenue Gabriel, devant le café-concert Les Ambassadeurs.

It's in front of the merry-go-round wooden horses or the guignol puppet theater that the narrator meets Gilberte's friends, who announce her presence and the perspective of playing the 'prisoner's-base' game... Sometimes with Françoise, they go there with a horse-drawn coach that drops them off on the Avenue Gabriel, in front of the Les Ambassadeurs café-concert.

Marcel Proust rencontre Marie de Benardaky (1874-1949) en juillet 1886. Il a 15 ans, elle en a 12. Gilberte Swann lui doit de nombreux traits, surtout dans ses évocations aux Champs-Élysées. Marie habite avec ses parents au 65, rue de Chaillot. De son balcon du 9, boulevard Malesherbes, Marcel surveille le ciel, impatient de revoir la jeune fille. Proust confie à Jacques de Lacretelle : « J'ai pensé pour l'arrivée de Gilberte aux Champs-Élysées par la neige, à une personne qui a été le grand amour de ma vie sans qu'elle l'ait jamais su [...], Mademoiselle B. » et il l'évoque auprès de la princesse Soutzo comme « l'ivresse et le désespoir de mon enfance ». Marie devient la princesse Michel Radziwill en 1898.

Marcel Proust meets Marie de Benardaky (1874-1949) in July 1886. He is 15 years old and she is 12. She inspired many of Gilberte Swann's traits, especially regarding the evocations of Gilberte at the Champs-Élysées. The young girl lives with her parents at 65, Rue de Chaillot. From his balcony at 9, Boulevard Malesherbes, Marcel keeps an eye on the sky, impatient to see Marie. Proust confides to Jacques de Lacretelle: "For Gilberte's arrival in the Champs-Élysées in the snow, I was thinking of somebody, who, without her even having known it, was the great love of my life [...], Mademoiselle B."—and to the Princesse Soutzo, he claims she was "the intoxication and despair of his youth." Marie became the Princesse Michel Radziwill in 1898.

Coll. part.

Jean Béraud, *Dîner aux Ambassadeurs*, vers 1880. Situé dans les jardins des Champs-Élysées, non loin de la place de la Concorde, le café-concert Les Ambassadeurs sera remplacé en 1931 par le théâtre des Ambassadeurs, aujourd'hui Espace Pierre Cardin. On imagine, dans ce tableau, Swann et Odette, du temps de leur amour, y dînant ensemble tandis que, plus tard, il arrivera que le jeune narrateur attende devant l'établissement l'arrivée de Gilberte, la fille éperdument aimée de ce couple admiré.

Jean Béraud, Dinner at Les Ambassadeurs, *around 1880. Located in the Champs-Élysées gardens, not far from the Place de la Concorde, the café-concert Les Ambassadeurs is replaced in 1931 by the Théâtre des Ambassadeurs, today the Espace Pierre Cardin. One imagines, in this painting, Swann and Odette, at the time of their romance, dining together, while later, the young narrator waits in front of the establishment for the arrival of Gilberte, the madly loved daughter of this admired couple.*

Paris, musée Carnavalet

PAGE 82

La demi-mondaine Laure Hayman (1851-1932) est la maîtresse de l'oncle maternel Louis Weil, peut-être aussi celle d'Adrien Proust et certainement celle de l'écrivain Paul Bourget. Elle habite comme Odette un petit hôtel particulier au 4, rue La Pérouse, près de l'Arc de Triomphe, entre l'avenue Kléber et l'avenue d'Iéna, avec une entrée de service donnant dans la rue Dumont-d'Urville. Laure est reçue chez les Proust comme une amie de la famille, contrairement à Odette de Crécy devenue Mme Swann, ostracisée. Marcel la rencontre en 1888, à l'âge de 17 ans. Elle sera furieuse, plus tard, de se reconnaître dans le personnage d'Odette, ce que Proust démentira avec plus ou moins de conviction.

The demi-mondaine courtesan Laure Hayman (1851-1932) is the mistress of the maternal uncle, Louis Weil, maybe also of Adrien Proust and certainly the one of writer Paul Bourget. Like Odette, she lives in a small private mansion at 4, Rue La Pérouse, near the Arc de Triomphe, between the Avenue Kléber and the Avenue d'Iéna, with a service entrance giving onto Rue Dumont-d'Urville. She is hosted by the Proust like a family friend, as opposed to Odette de Crécy, having become Mme Swann, who is ostracized. Marcel meets her in 1888, when he is 17 years old. Later on, she was furious when she recognized her likeness in the character of Odette, which Proust denied with more or less conviction.

Alfred Agostinelli (1888-1914) est chauffeur-mécanicien, comme Odilon Albaret, de la compagnie des taxis Unic que dirige l'ami Jacques Bizet. Il fait de nombreuses excursions avec Proust en Normandie en 1907 et 1908. Un temps son secrétaire, il le quitte en décembre 1913 pour s'inscrire dans une école de pilotage de la Côte d'Azur sous le pseudonyme de Marcel Swann. En mai 1914, son monoplan s'écrase en Méditerranée au large d'Antibes. Il a 26 ans. Proust aurait transposé cet épisode tragique dans *Albertine disparue.*

Alfred Agostinelli (1888-1914) is a driver-mechanic, like Odilon Albaret, for the Unic taxi company, managed by his friend Jacques Bizet. He accompanies Proust on many excursions around Normandy in 1907 and 1908. Having worked as his secretary, he leaves his service in December 1913 to sign up in a piloting school on the French Riviera under the pseudonym of Marcel Swann. In May 1914, his monoplane crashes in the Mediterranean Sea off the coast of Antibes. He is 26 years old. Proust transposed this tragic episode in The Fugitive.

Coll. part.

Céleste Albaret est née Gineste, en 1891, dans un village de Lozère. En 1913, elle épouse Odilon Albaret, chauffeur de taxi dont Proust est un client régulier. Entrée au service de l'écrivain en 1914, elle le sert jusqu'au bout avec un total dévouement pour ne pas dire une dévotion absolue, accomplissant non seulement les tâches ménagères inhérentes à sa fonction, de jour et de nuit car son patron est passablement capricieux, mais l'aidant dans son travail. Elle écrit parfois sous sa dictée, collant ce qu'elle appelle elle-même les « paperolles », ces ajouts au texte que Proust, de plus en plus malade, multiplie jusqu'à son dernier souffle. Après la mort de Proust, Céleste ouvre un hôtel rue des Canettes à Saint-Germain-des-Prés puis, de 1954 à 1970, garde la maison de Maurice Ravel à Montfort-l'Amaury. Elle meurt en 1984 après avoir enregistré ses souvenirs en vue d'un livre, *Monsieur Proust*. Elle a inspiré en partie le personnage de Françoise.

Céleste Albaret was born Gineste, in 1891, in a village of Lozère. In 1913, she married Odilon Albaret, the taxi driver used by Proust on a regular basis. She began working for the writer in 1914, and served him until the end with dedication, if not absolute devotion, accomplishing household tasks, by day or by night, because her employer was quite whimsical, but also helping him with his work. Sometimes, she writes under his dictation, glueing on "paperolles," small additions of text which Proust, although more and more ill, multiplies until his last breath. After the death of Proust, Céleste opened a hotel on the Rue des Canettes in Saint-Germain-des-Prés, then, from 1954 to 1970, she took care of Maurice Ravel's house in Montfort-l'Amaury. She died in 1984 after recording her souvenirs for a book, Monsieur Proust. *She was in part the inspiration for the character of Françoise.*

Coll. part.

Boniface de Castellane, dit Boni (1867-1932), comte puis marquis, dandy et diplomate antidreyfusard proche de *L'Action française*. Sa famille est originaire de Haute-Provence. Proust lui prête une parenté avec la famille de Mme de Sévigné car Boni de Castellane a acquis le château de Grignan dans la Drôme. Il épouse en 1895 la richissime Américaine Anna Gould, et se fait construire avenue du Bois (aujourd'hui avenue Foch) un « palais Rose » (détruit en 1969) inspiré du Grand Trianon de Versailles. Il y donne des fêtes somptueuses. Boni visite Proust en 1919 rue Laurent-Pichat. Il est alors (relativement) ruiné après son divorce, mais toujours aussi élégant. Proust lui emprunte quelques traits pour son personnage de Robert de Saint-Loup : sa silhouette élancée, ses cheveux « aussi dorés que s'ils avaient absorbé tous les rayons du Soleil ». Saint-Loup incarne aux yeux du narrateur toute la noblesse physique et morale de la « francité ».

Boniface de Castellane, surnamed Boni (1867-1932), Comte then Marquis, dandy and anti-Dreyfus diplomat, close to L'Action Française, a far-right monarchist political movement. His family is originally from Haute-Provence. Proust relates him to the family of Mme de Sévigné because Boni de Castellane acquired the Château de Grignan in the Drôme. He marries the wealthy American Anna Gould in 1895 and commissions on Avenue du Bois (today Avenue Foch) the construction of a "Pink Palace" (destroyed in 1969) inspired by the Grand Trianon of Versailles. Here he hosts spectacular social events. Boni visits Proust in 1919 at the Rue Laurent-Pichat. At the time he is (relatively) ruined after his divorce, but still supremely elegant. Proust borrows a few traits for his personification of Robert de Saint-Loup: his tall slender silhouette, "whose hair as golden as if they had absorbed all the rays of the sun." In the eyes of the narrator, Saint-Loup embodies all the physical and moral nobility of "Frenchness."

L'avenue du Bois relie la place de l'Étoile (place Charles-de-Gaulle) à la porte Dauphine. Avenue de l'Impératrice jusqu'en 1875, elle est ensuite nommée avenue du Bois puis avenue Foch. Cette artère chic est bordée d'hôtels particuliers parmi lesquels le fameux « palais Rose » de Boni de Castellane (au nº 50) ou celui de la famille Ephrussi de Rothschild (au nº 19). Dans *La Recherche* y habite le prince de Guermantes. Odette de Crécy, devenue Mme Swann, s'est laissé aisément convaincre par son mari qu'il est distingué de s'y promener. C'est ce qu'elle fait le dimanche matin, au printemps, quand le narrateur la surprend, accompagnée d'un petit cortège d'admirateurs.

The Avenue du Bois connects the Place de l'Étoile (Place Charles-de-Gaulle) to the Porte Dauphine. Avenue de l'Impératrice until 1875, first renamed Avenue du Bois, then Avenue Foch. This chic artery is lined with private mansions amongst which the famous "pink palace" of Boni de Castellane (at nº 50) or the one of Ephrussi de Rothschild (at nº 19). In Remembrance of Things Past *this is where the Prince de Guermantes lives. Odette de Crécy, now Mme Swann, is easily convinced by her husband that it is distinguished to stroll here. And this is what she is doing on a Sunday morning, at spring time, when the narrator surprises her, surrounded by a small group of admirers.*

PAGES 90-91

Jean Béraud, *La Soirée,* 1880. Dans ce salon de la haute société parisienne de la Belle Époque se mêlent la grande bourgeoisie financière et industrielle, l'aristocratie d'Ancien Régime et d'Empire, et certaines femmes du demi-monde. Il faut « en être » et paraître afin de ne pas manquer une rencontre opportune. Pour l'occasion, les femmes revêtent leurs plus beaux atours et les hommes portent l'habit noir conventionnel, uniforme de la sociabilité mondaine. On donne des récitals de piano, parfois des spectacles de danse. Règnent sans partage le charme, la courtoisie, la séduction. La dame de dos, au premier plan, a le visage tourné vers l'homme qui lui fait la cour tandis qu'elle joue de son éventail.

Jean Béraud, The Evening Soirée, *1880. In this elegant drawing-room of high Parisian society during the Belle Époque are gathered the upscale financial and industrial bourgeoisie, the Old Regime and the nobility of the first French Empire, as well as certain demi-monde women. The idea is "to see and be seen" in order not to miss timely encounters. For the occasion, women wear their fanciest clothes while men are dressed in conventional black suits, the uniform of high-society socialite gentlemen. Piano recitals are given, sometimes dance performances. The lady seen from the back, at the forefront, has her face turned towards the man who is courting her while she plays with her fan.*

Jean Béraud, *Une soirée,* 1878. L'hôtel particulier a été construit par l'industriel Martial Caillebotte, père du peintre, au 77, rue de Miromesnil, à l'angle de la rue de Lisbonne. Gustave Caillebotte lui-même habite la demeure de 1867 à 1879. Parmi les personnages présents à cette réception, on peut reconnaître les comtes de Béarn, de La Rochefoucauld, les comtesses Rose d'Avaray, Potocka, Cahen d'Anvers, Mme Baignères...

Jean Béraud, An Evening Soirée, *1878. This elegant private mansion was built by the industrial Martial Caillebotte, father of the painter, at 77, Rue de Miromesnil, on the corner of the Rue de Lisbonne. Gustave Caillebotte himself lived here from 1867 to 1879. Amongst the guests present at this reception, one recognizes the Comtes de Béarn, de La Rochefoucauld, the Comtesses Rose d'Avaray, Potocka, Cahen d'Anvers, Mme Baignères...*

Jean Béraud
1878

PAGES 94-95

La princesse Mathilde (1820-1904) tient son salon de 1853 à 1871, sous le règne de son cousin Louis-Napoléon Bonaparte, au 24, rue de Courcelles. Elle y reçoit tout ce qui compte dans le monde des lettres : Flaubert, Renan, Sainte-Beuve, Taine, Dumas père et fils, Mérimée, Musset, Gautier, Edmond de Goncourt... On l'appelle « Notre-Dame des Arts ». Plus tard, elle déménage au 20, rue de Berri, entre les Champs-Élysées et le faubourg Saint-Honoré. Elle reçoit alors la génération suivante, les relations mêmes de Proust : les Straus, Charles Haas, Charles Ephrussi, le docteur Pozzi, Maurice Barrès, Lucien Daudet, Reynaldo Hahn. Ce dernier introduit Marcel Proust qui admire « la simplicité avec laquelle elle parle de tout ce qui touche à la naissance et au rang—La Révolution française ! lui ai-je entendu dire à une dame du faubourg Saint-Germain, mais sans elle je vendrais des oranges dans les rues d'Ajaccio ! »

Princesse Mathilde (1820-1904) holds her salon from 1853 to 1871, under the reign of her cousin Louis-Napoléon Bonaparte, at 24, Rue de Courcelles. Here, she hosts all the prominent names in the world of literature: Flaubert, Renan, Sainte-Beuve, Taine, Dumas father and son, Mérimée, Musset, Gautier, Edmond de Goncourt...She is surnamed "Notre-Dame des Arts." A little later, she moves to 20, Rue de Berri, between the Champs-Élysées and the Faubourg Saint-Honoré. There, she invites the next generation, the same relations as Proust: the Straus, Charles Haas, Charles Ephrussi, Doctor Pozzi, Maurice Barrès, Lucien Daudet, Reynaldo Hahn. The latter introduces Marcel Proust—he admires the way "the older woman, made a great show of her 'simplicity' sweetly reminding the bohemians that as a Bonaparte, she, too, came from parvenu stock: Without the French Revolution, I would be selling oranges in the streets of Ajaccio."

Laure de Sade, comtesse Adhéaume de Chevigné (1859-1936), habite au 34, rue de Miromesnil. Alors qu'il a 20 ans, Proust guette les sorties de la comtesse, coiffée d'un chapeau bleu marine et vêtue d'une capote mauve qui mettent en valeur ses yeux bleus. Elle est réputée être le modèle essentiel d'Oriane, la duchesse de Guermantes. « J'ai eu des crises cardiaques chaque fois que je vous rencontrais », lui dira Proust. Elle a 32 ans quand Proust fait sa connaissance chez Mme Straus en 1892. Il la compare à une déesse-oiseau, en raison de son profil. Tous deux sont amis jusqu'au jour où elle découvre le portrait de la duchesse de Guermantes, dont elle s'offusque. Proust se plaint d'avoir été deux fois méconnu, à vingt ans de distance. Il lui écrit: « Que vous le vouliez ou non, vous habitez en moi, dans "la lumière de l'éternel matin" ». Elle reçoit dans son salon des hommes de cercles, comme le marquis du Lau, ami de Charles Haas, et Charles Haas lui-même.

Laure de Sade, Comtesse Adhéaume de Chevigné (1859-1936), lives at 34, Rue de Miromesnil. At 20 years old, Proust is on the lookout for the Comtesse's outings, wearing a navy blue hat and a mauve hood that enhanced her blue eyes. She is known to have inspired most of Oriane's traits, the Duchesse de Guermantes. "I used to have heart attacks every time I saw you," admits Proust. She is 32 years old in 1892 when Proust meets her in the drawing-room of Mme Straus. He compares her to a bird-goddess, because of her profile. They are both friends until the day she learns about the portrait of the Duchesse de Guermantes, for which she takes offense. Proust complains to have been unappreciated twice, twenty years apart. He writes to her: "Whether you wish it or not, you live inside me, in the light of an 'Eternal morning'." In her drawing-room, she hosts important club members, such as the Marquis du Lau, a friend of Charles Haas, and Charles Haas himself.

Le « gratin » donne des fêtes au parc de Bagatelle à la belle saison. Ainsi, la comtesse Greffulhe sollicite-t-elle Proust avec insistance pour l'y inviter, sachant qu'il écrira un élogieux compte-rendu dans *Le Gaulois*, « quelques lignes, comme vous sentez, c'est-à-dire exquisément poétiques ». La « généreuse fée » s'attend à y être dépeinte sous le meilleur jour. On peut lire dans le journal en date du 18 juillet 1909 un article signé « Tout-Paris » qui commence ainsi : « Le parc de la Belle au Bois dormant s'était éveillé en l'honneur de ses hôtes... Dès qu'on avait franchi la grille, on entrait dans l'Inconnu, dans le Mystère, dans le Rêve... »

The "beautiful people" organize festive events in the Parc de Bagatelle gardens when the weather becomes milder. Thus, the Comtesse Greffulhe insists on inviting Proust, knowing that he will write a glowing article in Le Gaulois, *"a few lines, as you feel that is to say exquisitely poetic." The "generous fairy" expects to be depicted at her best. In the paper dated July 18, 1909, an article signed "Tout-Paris" begins with these words: "The park of Sleeping Beauty came to life in honor of its hosts... After passing through the gate, one entered into the realm of the Unknown, of Mystery, of Dreams..."*

Dans le bois de Boulogne, le Pré Catelan est un casino-restaurant de luxe logé dans un fastueux pavillon Napoléon III. On y donne des fêtes réunissant le Tout-Paris élégant, tels le prince et la princesse de Sagan, Liane de Pougy, célèbre courtisane, le patron de presse Arthur Meyer…

In the Bois de Boulogne, the Pré Catelan is a deluxe casino-restaurant nestled in an opulent Napoleon III pavilion. Here parties are given, gathering all the elegant socialites of the Tout-Paris—such as the Prince and Princesse de Sagan, Liane de Pougy, a famous courtesan, media mogul Arthur Meyer…

PAGES 98-99

Henri Gervex, *Armenonville, Le Soir du Grand Prix*, 1905.
Le Grand Prix créé en 1863 par le duc de Morny est un moment fort de la saison mondaine. Son dîner de clôture rassemble de nombreuses personnalités, parmi lesquelles le marquis de Dion, promoteur de l'automobile, le marquis Boni de Castellane, le comte Robert de Montesquiou, la Belle Otero, courtisane parmi les plus en vue de la Belle Époque, rivale de Liane de Pougy.

Henri Gervex, Armenonville, The Evening of the Grand Prix, *1905. Created in 1863 by the Duc de Morny, the Grand Prix is an important moment during the socialite season. Its closing dinner gathers many personalities, amongst which the Marquis de Dion, automobile promoter, the Marquis Boni de Castellane, the Comte Robert de Montesquiou, La Belle Otero, one of the most talked-about courtesans of the Belle Époque, rival of Liane de Pougy.*

Paris, musée Carnavalet

Le pavillon de la Cascade a été aménagé sous Napoléon III, au bout de l'allée de Longchamp, pour que l'Empereur puisse y faire halte lors de ses chasses. Dans *La Recherche*, les Verdurin donnent souvent des dîners au Bois, parfois agrémentés de musique. C'est ainsi que Swann peut écouter à maintes reprises la fameuse *Sonate de Vinteuil*, de plus en plus douloureusement d'ailleurs car cette audition réitérée lui permet de mesurer les variations sentimentales d'Odette. Il se demande si elle est la maîtresse de Forcheville ou si elle est amoureuse d'une autre femme.

The Pavillon de la Cascade was implemented under Napoleon III, at the end of the Allée de Longchamp, to give the Emperor respite during his hunting outings. In Remembrance of Things Past, *the Verdurin often host dinner parties in the Bois, sometimes enhanced with music. Thus, Swann listens on several occasions to the famous* Sonate de Vinteuil, *more and more painfully in fact because this repeated audition enables him to measure the sentimental variations of Odette. He wonders if she is the mistress of Forcheville or whether she is in love with another woman.*

Le pavillon d'Armenonville, également au bois de Boulogne, est un ancien relais de chasse conçu au XVIIe siècle, détruit et reconstruit au XIXe siècle sous la forme d'un restaurant destiné en principe aux cavaliers et équipages à cheval qui parcourent le Bois. Dans *La Recherche*, les Verdurin y donnent souvent des dîners où ils convient un pianiste. C'est là, entre autres, que Swann entend la *Sonate de Vinteuil,* qui reste pour lui liée à son amour douloureux pour Odette. La bicyclette est alors mal considérée quand elle est pratiquée par des femmes. Mais, pour le narrateur, elle est surtout un révélateur des supposées infidélités d'Albertine : lui-même, au bois de Boulogne, n'a d'yeux que pour les jeunes filles à bicyclette.

Also in the Bois de Boulogne, the Pavillon d'Armenonville is a former hunting lodge, conceived in the 17th century, destroyed and rebuilt in the 19th century as a restaurant, catering essentially to horseback riders, carriages and coaches roaming around the Bois. In Remembrance of Things Past, *the Verdurin often give dinner parties where they invite a pianist. This is where, amongst other places, Swann hears the* Sonate de Vinteuil, *that remains for him linked to his painful love for Odette. At the time, a woman on a bicycle was frowned upon. But, for the narrator, it mostly reveals the supposed infidelities of Albertine: while he himself, in the Bois de Boulogne, is totally mesmerized by the sight of young girls on bicycles.*

Le Bois, pour Proust, est un lieu mythologique : c'est « le jardin des femmes ». Et donc des hommes qui les suivent et tentent d'attirer leur regard. Il a ses régions : le Tir aux pigeons où Mme Swann dit à son cocher de l'arrêter pour continuer sa promenade à pied, Armenonville, le Pré Catelan, le champ de courses, le lac, le Chalet des Îles, l'allée des Acacias, « fréquentée par les Beautés célèbres », celle de la Reine-Marguerite « où vont les femmes qui cherchent à être seules »... Le Bois est surtout le lieu de la nostalgie. Le narrateur ne verra plus jamais dans une allée Odette de Crécy, devenue Mme Swann, comme au temps où elle était suivie par des messieurs dont certains portaient des « tubes » gris (chapeaux haut-de-forme). La magie n'est plus. Les dieux sont morts.

The Bois, for Proust, is a mythological venue: it's "the garden of women." And hence of men who follow them and try to catch their eye. It has very specific areas: the Tir aux pigeons where Mme Swann asks her coachman to stop in order to continue her promenade on foot—Armenonville, the Pré Catelan, the race track, the lake, the Chalet des Îles, the Allée des Acacias, "masterpiece of beautiful strolling women," the one of La Reine-Marguerite "where women went who wished to be alone..." The Bois is mostly a place of nostalgia. Never again will the narrator see in an alley Odette de Crécy, now Mme Swann, as in the time when she was followed by gentlemen, some of whom wore grey "top hats." There is no more magic. The gods are dead.

Le Chalet des Îles est la reconstitution à l'identique, dans l'île du Bois (ou encore l'île aux Cygnes), d'un chalet suisse, selon le vœu de l'impératrice Eugénie. Dans *La Recherche*, les Verdurin invitent parfois Odette dans cette île, mais sans Swann car celui-ci alourdit l'atmosphère en raison de sa jalousie. Quant au narrateur, il rêve d'y posséder Mme de Stermaria, qu'il a connue autrefois à Balbec. Son désir est lié à une île imaginaire et brumeuse de Bretagne dont elle serait native. Si bien que l'île aux Cygnes devient pour lui cette terre bretonne qui entoure « la pâle silhouette de Mme de Stermaria ».

The Chalet des Îles is the identical reconstitution, on the island of the Bois (also known as the Île aux Cygnes), of a Swiss chalet, according to the whimsy of Empress Eugénie. In Remembrance of Things Past, *the Verdurin sometimes invite Odette on this little island, but without Swann because his jealousy casts gloom on the atmosphere. As for the narrator, he dreams of possessing Mme de Stermaria, whom he knew beforehand in Balbec. His desire is linked to an imaginary and foggy island of Brittany where she was from. So much so that the Île aux Cygnes becomes for him this Breton land that surrounds the "pale silhouette of Mme de Stermaria."*

Les deux grands lacs du Bois attirent l'hiver de nombreux patineurs. En 1865, la pelouse de Madrid est concédée à un « Cercle des Patineurs ». Plus tard, le Tir aux pigeons s'associe à la pratique du patinage, devenu le sport à la mode depuis les dernières années de l'Empire. Le narrateur va s'y promener à la recherche de ses anciennes émotions au passage de Mme Swann dans sa victoria. Mais, comme il l'écrit, « le souvenir d'une certaine image n'est que le regret d'un certain instant ; et les maisons, les routes, les avenues sont fugitives, hélas ! comme les années. »

The two large lakes of the Bois attract many skaters during the winter season. In 1865, the Madrid lawn is taken over by a "Circle of Skaters." Later, the Tir aux Pigeons sports club also associates itself with the practice of skating, which has become the fashionable sport during the last years of the Empire. The narrator goes there for strolls, seeking his past emotions when Mme Swann passed by in her Victoria coach. But, as he writes, "remembrance of a particular form is but regret for a particular moment; and houses, roads, avenues are as fugitive, alas, as the years."

Si Albertine affiche son goût de jeune fille pour la bicyclette lorsqu'elle se promène avec ses amies sur la digue de Balbec, elle lui préfère plus tard, alors qu'elle est devenue la maîtresse du narrateur, l'équitation. Mais ses goûts saphiques demeurent : elle et son amie Andrée font des promenades équestres dans le Bois. Le narrateur apprend un jour qu'elle est morte d'un accident de cheval, comme Proust, dans la réalité, apprend la mort de son chauffeur et secrétaire Alfred Agostinelli d'un accident d'avion, au large d'Antibes, en mai 1914.

If Albertine displays her young girl's taste for the bicycle when she strolls with her friend along the esplanade of Balbec, she prefers horseback riding later on, when she becomes the mistress of the narrator. But her lesbian tastes remain: she and her friend Andrée go on equestrian promenades in the Bois. The narrator learns one day that she died in a horseback riding accident, like Proust, in reality, learns the death of his chauffeur and secretary, Alfred Agostinelli, in a plane crash, off the coast of Antibes, in May 1914.

Paris, musée d'Orsay © RMN-GP/Patrice Schmidt

PAGE 107

Aux pieds de Jeanne Pouquet (1874-1962) debout sur une chaise, Proust, alors âgé de 21 ans, semble se servir de sa raquette de tennis comme d'une guitare. Épris de la jeune femme, il lui fait une cour aussi assidue que vaine : Jeanne épousera l'année suivante son ami Gaston de Caillavet… et Marcel déclinera l'offre d'être garçon d'honneur. Jeanne Pouquet fournit maints traits au personnage de Gilberte Swann, amour d'enfance du narrateur. Proust confie que Jeanne est « la deuxième passion de [s]on adolescence », ajoutant que « la première a été Mlle Benardaky ». En 1947, Jeanne l'assure à son gendre, l'écrivain André Maurois qui a épousé sa fille, Simone de Caillavet : « Si l'on met "Tennis du boulevard Bineau" à la place des "Champs-Élysées" dans la description de l'amour de Marcel pour Gilberte, je retrouve presque mot pour mot les évocations de son amour pour moi. »

At the feet of Jeanne Pouquet (1874-1962) standing on a chair, Proust, then 21 years old, seems to be holding his tennis racket like a guitar. Smitten by the young lady, he courts her assiduously but without success: the following year, Jeanne marries his friend Gaston de Caillavet… and Marcel turns down the offer to be best man. Jeanne Pouquet supplies many traits for the character of Gilberte Swann, childhood love of the narrator. Proust confides that Jeanne is "the second passion of his adolescence," adding that "the first was Mlle Benardaky." In 1947, Jeanne ensures to her son-in-law, writer André Maurois who married her daughter, Simone de Caillavet: "If you replace 'Champs-Élysées' by 'Tennis of the Boulevard Bineau' in the description of Marcel's love for Gilberte, I find almost word for word the evocations of his infatuation for me."

© Selva/Leemage/Bridgeman Images

Odette redoute toujours de manquer « l'heure du thé, avec muffins et toasts, au "Thé de la Rue Royale" où elle croyait que l'assiduité était indispensable pour consacrer la réputation d'élégance d'une femme... » Swann, amoureux et complaisant, l'y emmène volontiers. Au 21, rue Royale, se trouve le Café Weber où dreyfusards et nationalistes se répartissent aux extrémités opposées de la salle.

Odette "was afraid of not being in time for tea, with muffins and toasts, at the Rue Royale tea rooms, where she believed that regular attendance was indispensable, and set the seal upon a woman's certificate of smartness..." Swann, enraptured and complacent, willingly takes her there. At 21, Rue Royale, the Café Weber is where Dreyfus supporters and nationalists are divided up between the opposite extremities of the room.

Reynaldo Hahn présente Marcel Proust à Alphonse Daudet (1840-1897) et à son fils aîné Léon Daudet (1867-1942) dans leur salon du 31, rue de Bellechasse. Si le grand ami de Marcel est Lucien, le cadet, c'est à Léon Daudet qu'il doit d'obtenir le prix Goncourt en 1919 pour *À l'ombre des jeunes filles en fleurs*, au détriment de Roland Dorgelès et de ses *Croix de bois*.

Reynaldo Hahn presents Marcel Proust to Alphonse Daudet (1840-1897) and to his elder son Léon Daudet (1867-1942) in their drawing-room at 31, Rue de Bellechasse. While the great friend of Marcel is Lucien, the younger son, it's thanks to Léon Daudet that he is awarded the Goncourt prize in 1919 for Within a Budding Grove, *to the detriment of Roland Dorgelès and his* Croix de bois.

La maison Imoda, au 3, rue Royale, est un magasin de glaces et de sorbets créé par une famille italienne à la fin des années 1880. L'erreur des commerçants est d'exhiber en devanture les oriflammes de plusieurs nations, notamment la Prusse, ce qui cause un grand scandale et provoque le bris des vitrines. Imoda est contraint de vendre le commerce à l'employé d'un bar voisin, Maxime Gaillard, qui lance en 1893 l'enseigne Maxim's, appelée à devenir un rendez-vous du Tout-Paris de la Belle Époque, au moment où la vogue anglo-saxonne des salons de thé est fatale aux glaciers.

The Imoda house, at 3, Rue Royale, is an ice cream and sherbet parlor run by an Italian family in the late 1880s. The mistake of these shopkeepers is to showcase in the window the flags of several nations, notably Prussia, which causes a big scandal leading to broken window-displays. Imoda is obliged to sell his business to the employee of a neighboring bar, Maxime Gaillard, who launches in 1893 the Maxim's flagship—soon to become the buzzing rendezvous of all the trendy Belle Époque Parisians—just when the Anglo-Saxon vogue for tea salons proves fatal to ice cream makers.

Maxim's est vraiment lancé à l'occasion de l'Exposition universelle de 1900. Les tables les plus recherchées sont celles de « l'omnibus », le couloir qui mène aux salles : on y voit passer tout le monde, des demi-mondaines comme Liane de Pougy ou la Belle Otero à la haute société comme la princesse de Chimay ou le prince de Galles. Proust s'y rend le plus souvent avec Reynaldo Hahn. Ce cliché de 1925 représente Maxim's au temps des Années folles, postérieures de quelques années au Paris de Marcel Proust.

Maxim's is truly launched during the Universal Exhibition of 1900. The most coveted tables are those of "the omnibus," the hallway leading to the different rooms: here one sees everyone pass by—from demi-mondaines such as Liane de Pougy or La Belle Otero to high society, such as the Princesse de Chimay or the Prince of Wales. Proust goes there most of the time with Reynaldo Hahn. This photograph dating back to 1925 features Maxim's during the Roaring Twenties, posterior by a few years to the Paris of Marcel Proust.

© Roger-Viollet

PAGES 112-113

Le narrateur, du temps où il est épris de Gilberte, l'est tout autant de son père, Charles Swann. Il entraîne sa gouvernante Françoise jusqu'à sa porte cochère. Il se poste parfois à l'entrée de la rue Duphot, perpendiculaire au boulevard de la Madeleine, car il sait que Swann passe parfois par là pour aller chez son dentiste : « Et mon imagination différenciait tellement le père de Gilberte du reste de l'humanité [...] que, avant même d'arriver à la Madeleine, j'étais ému à la pensée d'approcher d'une rue où pouvait se produire inopinément l'apparition surnaturelle ».

The narrator, at the time when he was in love with Gilberte, is also attracted to Charles Swann. He leads his governess Françoise until the carriage porch. He sometimes stands at the entrance of the Rue Duphot, perpendicular to the Boulevard de la Madeleine, because he knows that Swann was often to be seen passing there on the way to his dentist: "And my imagination so far differentiated Gilberte's father from the rest of humanity [...] that, even before we reached the Madeleine, I would be trembling with emotion at the thought that I was approaching a street from which that supernatural apparition might at any moment burst upon me unawares."

© Maurice-Louis Branger/Roger-Viollet

GARE du NORD ⁑ PLACE de L'ALMA
AC

52259
G.S.

Le restaurant Larue occupe l'angle de la place de la Madeleine et de la rue Royale. Larue, ancien maître d'hôtel, a ouvert cet établissement en 1886. Édouard Nignon le reprend en 1908 et le conserve jusqu'en 1919. C'est là que l'ami de Proust, le comte Bertrand de Salignac-Fénelon, aurait voltigé comme un danseur entre les tables, devant les clients et les garçons fascinés, pour apporter son manteau à Proust qui se plaignait du froid. Celui-ci transpose l'anecdote dans *La Recherche* en faisant accomplir cet « exercice de voltige » à l'ami du narrateur, Robert de Saint-Loup, qui saute derrière les banquettes de velours rouge et lui apporte un grand manteau de vigogne emprunté au prince de Foix qui se trouve dans la salle.

The Larue restaurant occupies the angle of the Place de la Madeleine and the Rue Royale. Larue, a former head waiter, opens this establishment in 1886. Édouard Nignon takes it over in 1908 and keeps it until 1919. This is where a friend of Proust, the Comte Bertrand de Salignac-Fénelon, fluttered like a dancer between the tables, in front of the clients and the fascinated servers, to bring his coat to Proust who was complaining about the cold. The latter transposes the anecdote in Remembrance of Things Past *by having this "exercise of acrobatics" performed by the narrator's friend, Robert de Saint-Loup, who jumps behind the red velvet banquettes and brings him a large coat in vicuna borrowed from the Prince de Foix who happens to be in the room.*

Le Café de la Paix est situé à l'angle de la place de l'Opéra et du boulevard des Capucines. Robert de Saint-Loup, l'ami du narrateur, y dîne parfois avec le duc d'Uzès et le prince d'Orléans, ce qui augmente encore son prestige de membre de la haute société aristocratique aux yeux des jeunes bourgeois riches qui ne peuvent y pénétrer. Snobisme de Proust !

Le Café de la Paix is located at the corner of the Place de l'Opéra and the Boulevard des Capucines. Robert de Saint-Loup, the narrator's friend, has dinner there occasionally with the Duc d'Uzès and the Prince d'Orléans, which further increases his prestige as member of the aristocratic high society in the eyes of young rich bourgeois who cannot be part of it. The snobbism of Proust!

Après la mort de ses parents, Proust donne parfois des dîners dans la salle à manger de l'hôtel Ritz, 15, place Vendôme, par exemple en l'honneur de Gaston Calmette, directeur du *Figaro*, dîner suivi d'un concert. Plus tard, Proust entretient un lien privilégié avec le premier maître d'hôtel, Olivier Dabescat, qui lui fournit tel renseignement intime, tel usage qu'exige l'étiquette du grand monde, tel détail concernant la vie d'un prince. Il a aussi une liaison avec un valet de pied, Henri Rochat, dont il se lasse vite et parvient difficilement à se défaire. Quand il habite rue Hamelin, très malade, il envoie Odilon Albaret chercher à n'importe quelle heure des mets susceptibles de lui convenir (ce qui est rarement le cas), des bières frappées ou des glaces à la fraise et à la framboise. Estimant que son appartement est un « ignoble taudis où tient tout juste [s]on grabat » (lettre à Montesquiou), il reçoit volontiers ses connaissances dans la pénombre de la chambre n° 12 du Ritz, tel le romancier anglais Sydney Schiff.

After the death of his parents, Proust sometimes hosts dinners in the dining room of the Ritz Hotel, 15, Place Vendôme—for example in honor of Gaston Calmette, director of Le Figaro, *a dinner followed by a concert. Later, Proust had a privileged relationship with the head waiter, Olivier Dabescat, who supplied him with intimate information, such as the exacting requirements regarding the etiquette of high society, a small detail in the life of a prince. He also has an affair with a footman, Henri Rochat, whom he tired of, but had difficulty getting rid of. When he lived at Rue Hamelin, very ill, he sent off Odilon Albaret at any time to seek sustenance which might be suitable (which is rarely the case), frothy beers or strawberry and raspberry ice creams. Since he considers his apartment to be "a wretched slum which barely holds my miserable pallet" (letter to Montesquiou), he willingly entertains his visitors in the dimly lit n° 12 room of the Ritz—such as English novelist Sydney Schiff.*

Proust fait la connaissance de Paul Morand en 1915 et préface son recueil de nouvelles *Tendres Stocks*. Le diplomate lui fait alors connaître sa future femme, la princesse Hélène Soutzo (1879-1975), richissime et antisémite. Elle s'est fait construire un hôtel particulier avenue Charles-Floquet, sur le Champ-de-Mars. Comme il est difficile de le chauffer pendant la guerre, elle s'installe tout simplement au Ritz où elle donne des dîners, notamment pour Paul Morand, qui y réside. Proust l'y rencontre à plusieurs reprises.

Proust encounters Paul Morand in 1915 and writes the preface for his collection of short stories Tendres Stocks. *The diplomat introduces him to his future wife, the Princesse Hélène Soutzo (1879-1975), very wealthy and anti-Semitic. She had a private mansion built on Avenue Charles-Floquet, overlooking the Champ-de-Mars. Since it was difficult to heat during the war, she very simply moved in to the Ritz where she gave dinner parties, notably for Paul Morand, who resided there. Proust met him on several occasions.*

La Maison Dorée, 20, boulevard des Italiens, à l'angle de la rue Laffitte, est un des hauts lieux du Paris romantique que fréquentait notamment Balzac. Dans les premiers temps de leur amour, Odette écrit à Swann sur du papier à en-tête du restaurant. Par la suite, il la cherche partout sur les boulevards, croit la trouver chez Prévost mais « elle lui expliqua plus tard que n'ayant pas trouvé de place chez Prévost, elle était allée souper à la Maison Dorée... » La Maison Dorée reste pour Swann « un nom cruel », lié à tous les mensonges d'Odette.

La Maison Dorée, 20, Boulevard des Italiens, at the corner of the Rue Laffitte, is one of the landmarks of romantic Paris notably frequented by Balzac. In the early stages of their romance, Odette writes to Swann on paper with the restaurant's letter head. Afterwards, he looks for her everywhere on the boulevards, thinking he might find her at Prévost, but "she explained later that there had been no room at Prévost, that she had gone, instead to sup at Maison Dorée..." La Maison Dorée remains for Swann "a cruel name," associated to Odette's many lies.

Le Café Anglais, 13, boulevard des Italiens, est un établissement fréquenté par les dandys, les gens de lettres (Stendhal, Musset, Dumas...) et les princes d'Europe, souvent en compagnie de « cocottes », qui apprécient ses salons et cabinets particuliers tel le célèbre « Grand Seize ». Swann, amoureux et malade de jalousie, y cherche fébrilement Odette jusque tard le soir. Le Café Anglais est le seul établissement des boulevards qui trouve grâce aux yeux de la sévère Françoise, exigeante en matière de cuisine.

Le Café Anglais, 13, Boulevard des Italiens, is an establishment frequented by dandies, writers (Stendhal, Musset, Dumas...) and the Princes of Europe, often accompanied by "cocottes," who appreciate its discreet drawing-rooms and private cabinets such as the famous "Grand Seize." Swann, in love and sick with jealousy, feverishly seeks out Odette until late in the night. Le Café Anglais is the only establishment of the boulevards appreciated by the very critical Françoise, very exacting when it came to culinary choices.

PAGES 122-123

Jean Béraud, *Boulevard Poissonnière sous la pluie*, vers 1880. Les boulevards parisiens sont, dans *Un amour de Swann*, le lieu douloureux de la quête éperdue d'une Odette fantomatique. Le scénario en est invariable. Swann croit la trouver chez elle, rue La Pérouse. En vain. On lui annonce qu'elle est allée chez Prévost (au 39, boulevard de Bonne-Nouvelle) chercher du chocolat. Il ne l'y trouve pas. Il explore alors, hagard, tous les cafés et les restaurants, notamment ceux du boulevard des Italiens : la Maison Dorée, Tortoni et le Café Anglais.

Jean Béraud, Boulevard Poissonnière in the rain, *around 1880. The Parisian boulevards are, in* Swann in Love, *the painstaking venue of the boundless quest for a ghostly Odette. The scenario is invariable. Swann thinks he will find her at home, on Rue La Pérouse. In vain. He is told she went to Prévost (at 39, Boulevard de Bonne-Nouvelle) to fetch some chocolate. He does not find her there. He explores, in a daze, all the cafés and restaurants, notably those of the Boulevard des Italiens: Maison Dorée, Tortoni and the Café Anglais.*

Paris, musée Carnavalet

Dans *La Recherche*, le narrateur se voit offrir un fauteuil pour une soirée de gala à l'Opéra où la Berma doit jouer un acte de *Phèdre*. Il y décrit « les blanches déités » qui occupent les baignoires (les domine celle de la princesse de Guermantes), dont les « formes vaguement humaines se détachaient mollement l'une après l'autre des profondeurs de la nuit » et dont les « brillants visages apparaissaient derrière le déferlement rieur, écumeux et léger de leurs éventails de plumes… » Il en vient ensuite aux fauteuils d'orchestre, « séjour des mortels à jamais séparé du sombre et transparent royaume ».

In Remembrance of Things Past, *the narrator is offered a seat for a gala evening at the Opéra where Berma is on stage, playing in an act of* Phèdre. *He describes: "the white deities," those inside the private boxes (dominated by the box of the Princesse de Guermantes), whose "vaguely human shapes detached themselves, one by one, from the shades of night" and whose "brilliant faces appeared behind the gaily breaking foam of the feather fans they unfurled…" Then he describes the "orchestra stalls, abode of mortals for ever separated from the transparent, shadowy realm."*

LAITIERE MAGGI
PARIS

Jean Béraud.

Jean Béraud, *Le Boulevard des Capucines, le soir, devant le Café Napolitain*, vers 1880. Au n° 1 du boulevard, le Café Napolitain est fréquenté par les journalistes, les écrivains, les comédiens. Maupassant le mentionne dans *Bel-Ami*. Collaborateur au *Gil Blas*, qui a son siège au n° 19 du boulevard, il a l'habitude d'y prendre un bock au sortir du journal. Dans le tableau de Béraud, une colonne Morris se détache au centre du tableau. Elle fait partie du mobilier urbain parisien depuis 1868. Proust se souvient de la colonne qui faisait face au 9, boulevard Malesherbes, où il habitait : « Tous les matins, je courais jusqu'à la colonne Morris pour voir les spectacles qu'elle annonçait. »

Jean Béraud, The Boulevard des Capucines, Evening in Front of the Café Napolitain, *around 1880. At n° 1 of the boulevard, the Café Napolitain is frequented by journalists, writers, actors. Maupassant mentions it in* Bel-Ami. *Collaborator to Gil Blas, whose offices are at n° 19 of the boulevard, it's his habit to come drink a pint when he leaves the paper. A Morris column stands out in the middle of the painting by Béraud. It is part of the Parisian urban furniture since 1868. Proust remembers the column that faces the n° 9, Boulevard Malesherbes, where he lived: "Every morning, I would hasten to the Morris column to see what new plays it announced."*

Paris, musée Carnavalet

En 1917, un certain Albert Le Cuziat devient propriétaire de l'hôtel Marigny, 11, rue de l'Arcade, et en fait une maison de passe pour homosexuels. Originaire de Tréguier, en Bretagne, il a été domestique chez le prince Constantin Radziwill avant de devenir son premier valet de chambre. Maurice Sachs dit de lui qu'il « aimait servir comme d'autres aiment commander ». Proust le fréquente assidûment pour des raisons tout à la fois littéraires et sexuelles. Le Cuziat lui inspire le personnage de Jupien et son établissement devient, dans *La Recherche*, le « Temple de l'Impudeur ». Le narrateur-voyeur y surprend le baron de Charlus enchaîné et fouetté jusqu'au sang. Proust offre à l'établissement quelques meubles ayant appartenu à ses parents.
Le 11 janvier 1918, la police fait une descente rue de l'Arcade et surprend quatre hommes au rez-de-chaussée, attablés devant une bouteille de champagne : « Proust, Marcel, 46 ans, 102, boulevard Haussmann », Le Cuziat et deux jeunes soldats.

In 1917, a certain Albert Le Cuziat becomes the owner of the Hôtel Marigny, at 11, Rue de l'Arcade, and turns it into a brothel for homosexuals. A native of Tréguier, in Brittany, he was an employee at the service of Prince Constantin Radziwill before becoming his majordomo. Maurice Sachs said of him: "he liked to serve the same way others like to order." Proust goes there frequently for both literary and sexual purposes. Le Cuziat inspires him the character of Jupien and in Remembrance of Things Past, *his establishment becomes the "Temple de l'Impudeur." The narrator-voyeur surprises the Baron de Charlus chained and whipped until bleeding. Proust donates to the establishment a few pieces of furniture having belonged to his parents. On January 11, 1918, the police raids the Rue de l'Arcade and discovers four men on the ground floor, seated in front of a bottle of champagne: "Proust, Marcel, 46 years old, 102, Boulevard Haussmann," Le Cuziat and two young soldiers.*

Coll. part.

La chambre de Marcel Proust, reconstituée au musée Carnavalet, a une histoire. Dans les années qui ont suivi la mort, en 1935, du docteur Robert Proust, le frère de Marcel, le collectionneur et mécène Jacques Guérin fait la connaissance à la librairie Lefebvre de la rue du Faubourg-Saint-Honoré d'un certain Werner, à qui Mme Robert Proust a vendu manuscrits et meubles ayant appartenu à son beau-frère. Jacques Guérin les rachète et, bien plus tard, en 1973, en fait don au musée Carnavalet, à charge pour l'institution de reconstituer la chambre. On y voit donc le lit à barreaux de cuivre que Proust a conservé toute sa vie, de déménagement en déménagement, et dans lequel il est mort, le paravent à motifs chinois et une petite table de palissandre. La chaise longue est un cadeau de Proust à Reynaldo Hahn ; après la mort du compositeur, son légataire l'a vendue à Jacques Guérin.

The bedroom of Marcel Proust, reconstituted at the Musée Carnavalet in the Marais, has a history. During the years following the death, in 1935, of Doctor Robert Proust, brother of Marcel, the collector and patron Jacques Guérin meets a certain Werner at the Lefebvre bookshop on the Rue du Faubourg-Saint-Honoré, to whom Mme Robert Proust sold manuscripts and furniture having belonged to her brother-in-law. Jacques Guérin buys them back, and much later, in 1973, donates them to the Musée Carnavalet, leaving the institution in charge of reconstituting the room. Thus, one can see the brass bed with bars which Proust kept all his life, and in which he died, as well as the screen with Chinese motifs and a small table in rosewood. The lounging chair is a present from Proust to Reynaldo Hahn; after the death of the composer, his heir sold it to Jacques Guérin.

Marcel Proust sur la terrasse du Jeu de Paume, en mai 1921, dans le jardin des Tuileries, après la visite d'une exposition sur l'art hollandais. Il y a vu trois tableaux de Vermeer, notamment la fameuse *Vue de Delft*, qu'il considère comme le plus beau tableau du monde. Au cours de sa visite, le romancier est victime d'un malaise, chancelle et doit être rattrapé *in extremis* par le critique d'art Jean-Louis Vaudoyer qui l'accompagne. Sur la terrasse, Proust se tient bien droit, le torse bombé, les yeux mi-clos devant l'objectif de son ami. En rentrant chez lui, rue Hamelin, il rédige la visite de l'écrivain Bergotte à Vermeer, son malaise et sa mort devant « le petit pan de mur jaune avec un auvent ».

Marcel Proust on the terrace of the Jeu de Paume, in May 1921, in the Tuileries gardens, after visiting an exhibition on Dutch art. There he admired three paintings by Vermeer, notably the famous View of Delft, *which he considers to be the most beautiful painting in the world. During his visit, the novelist is victim of a malaise, stumbles and is caught in extremis by art critic Jean-Louis Vaudoyer, who accompanied him. On the terrace, Proust holds himself very straight, puffing out his chest, eyes half-closed in front of his friend's lens. Back home, Rue Hamelin, he recounts the visit of Vermeer by writer Bergotte, his malaise and his death in front of the "little patch of yellow wall."*

Coll. part.

Ce portrait d'une jeune fille coiffée d'un chapeau de paille posant devant un rosier dans le jardin de Bagatelle n'est pas sans évoquer l'apparition de Gilberte Swann, quand, au cours d'une promenade avec son père et son grand-père, le jeune narrateur longe la haie d'aubépines qui borde la demeure des Swann le long du parc de Tansonville, à Combray. « La haie laissait voir à l'intérieur du parc une allée bordée de jasmins [...] Tout à coup, je m'arrêtai, je ne pus plus bouger [...] Une fillette d'un blond roux qui avait l'air de rentrer de promenade [...] nous regardait, levant son visage semé de taches roses. Ses yeux noirs brillaient... »

This portrait of a young girl wearing a straw hat, posing in front of a rose tree in the Jardin de Bagatelle brings to mind the apparition of Gilberte Swann, when, during a promenade with her father and her grandfather, the young narrator is walking past the hawthorn hedge bordering the Swann property along the Parc de Tansonville, in Combray. "The hedge allowed us a glimpse, inside the park, of an alley bordered with jasmine [...] Suddenly, I stood still, unable to move, [...] A little girl, with fair reddish hair, who appeared to be returning from a walk [...] was looking at us, raising towards us a face powdered with pinkish freckles. Her black eyes gleamed..."

Marcel Proust emménage au 44, rue Hamelin le 1er octobre 1919, au quatrième étage, juste avant d'y apprendre qu'il a obtenu le prix Goncourt pour *À l'ombre des jeunes filles en fleurs*. C'est un appartement de cinq pièces où les meubles qu'il a conservés de ses parents sont entassés dans la salle à manger et le salon qui font office d'entrepôt. Aux murs sont accrochés des tableaux représentant Jeanne Proust, le professeur Adrien Proust et Marcel lui-même, par Jacques-Émile Blanche. Dans sa chambre, son chevet est encombré de son matériel de fumigation, de ses plumes, de son encrier et de ses cahiers manuscrits aux couvertures de moleskine. Ses fenêtres sont constamment closes de lourds rideaux. On fait livrer la nourriture du Ritz : pas d'odeurs, pas de cuissons, pas de bruits.

Marcel Proust moves to 44, Rue Hamelin in October 1919, on the fourth floor, just before learning he has been awarded the Prix Goncourt for Within a Budding Grove. *It's a five-room apartment where his parent's furniture, which he kept, is piled up in the dining room and the living room, as in a warehouse. On the walls hang paintings representing his mother, Jeanne Proust, professor Adrien Proust and Marcel himself, painted by Jacques-Émile Blanche. In his room, the night table is cluttered with fumigation equipment, his feather pens, his inkwell and his handwritten notebooks covered in moleskin. His windows are constantly closed by heavy curtains. Food is delivered from the Ritz: no smells, no cooking, no noise.*

Proust sur son lit de mort. Jusqu'à la fin, Proust travaille (avec Céleste) à peaufiner son livre. Il s'éteint le samedi 18 novembre 1922, à 51 ans. Trois médecins se sont relayés à son chevet : son frère d'abord, Robert Proust, et les docteurs Bize et Babinski. Au milieu de l'après-midi, Robert lui ferme les paupières. Le premier prévenu parmi les amis est Reynaldo Hahn, qui alerte les autres : « Notre cher Marcel est mort ce soir, après un mois de maladie pendant lequel il a obstinément refusé de se laisser soigner. » Reynaldo Hahn veille rue Hamelin toute la nuit du samedi au dimanche 19 novembre, jour où les amis se succèdent : Léon et Lucien Daudet, la comtesse de Noailles, la princesse Murat et, bien sûr, Marthe et Suzy Proust, la belle-sœur et la nièce. Le lundi 20, le peintre Helleu réalise une pointe-sèche du visage, puis Dunoyer de Segonzac un fusain et deux dessins à l'encre de Chine

(dessin ci-dessus). Suit le photographe Man Ray que Cocteau a sollicité. Le mardi 21, les obsèques ont lieu en l'église Saint-Pierre-de-Chaillot. Barrès, chapeau melon, parapluie au bras, confie à François Mauriac : « Je l'avais toujours cru juif, le petit Marcel, quel bel enterrement… Enfin ouais, c'était notre jeune homme… » Proust est inhumé au cimetière du Père-Lachaise, dans la 85e division, là où reposaient son père et « Maman ».

Proust on his death bed. Until the end, Proust works (with Céleste) in order to fine tune his book. He expires on Saturday, November 18, 1922, at age 51. Three doctors take turns at his bedside: first his brother, Robert Proust, then the Doctors Bize and Babinski. In the middle of the afternoon, Robert closes his eyelids. The first amongst his friends to be informed is Reynaldo Hahn, who alerts the others: "Our dear Marcel died this evening, after a month of sickness during which he obstinately refused treatments." Reynaldo Hahn stands watch at Rue Hamelin during the entire night from Saturday to Sunday 19 November, day when many friends came by in turn: Léon and Lucien Daudet, the Comtesse de Noailles, the Princesse Murat and, of course, Marthe and Suzy Proust, the sister-in-law and niece. On Monday the 20th, painter Helleu sketches the face with a dry point, then Dunoyer de Segonzac (drawing above) with a charcoal and two drawings in Chinese ink. Photographer Man Ray, whom Cocteau asked to come, follows shortly thereafter. On Tuesday the 21st, the funeral takes place at the Saint-Pierre-de-Chaillot church. Barrès, in his bowler hat, umbrella on the arm, whispers to François Mauriac: "I always thought little Marcel was Jewish, what a beautiful funeral… Well, what's it all about! He was our young man…" Proust is buried at the Père-Lachaise cemetery, in the 85th division, next to his father and his "Mamma."

Proust écrit *À la recherche du temps perdu* de 1906 (donc après la mort de ses parents) jusqu'au dernier jour de sa vie, le 18 novembre 1922. Il mène ce travail le plus souvent alité, de plus en plus reclus et malade, aidé par la fidèle et toute dévouée Céleste qui l'accompagne aux trois adresses parisiennes qui sont successivement les siennes : le 102, boulevard Haussmann (entre 1906 et 1919), au 8 bis, rue Laurent-Pichat (entre juin et octobre 1919), au 44, rue Hamelin jusqu'à sa mort. Le roman est publié en sept volumes, dont les trois derniers paraissent après la mort de l'auteur. Un exégète, Gérard Genette, résume ainsi l'œuvre : « Comment le petit Marcel est devenu écrivain ». Un autre, Jean-Yves Tadié, note que cette œuvre « a pour sujet sa propre rédaction ».

Proust began writing Remembrance of Things Past *in 1906 (hence after the death of his parents) and worked on it until the last day of his life, on November 18, 1922. Most of the time he was in bed, increasingly reclusive and ailing, helped by the faithful and devoted Céleste, who followed him to the three Parisian addresses where he lived in turn: first to 102, Boulevard Haussmann (between 1906 and 1919), then to 8 bis, Rue Laurent-Pichat (between June and October 1919), and finally to 44, Rue Hamelin until his death. The novel was published in seven volumes, three of which came out after the author's death. Literary theorist, Gérard Genette, summarizes the opus as such: "Little Marcel becomes a writer." Another, Jean-Yves Tadié, notes that "the very topic of this work is its own writing."*

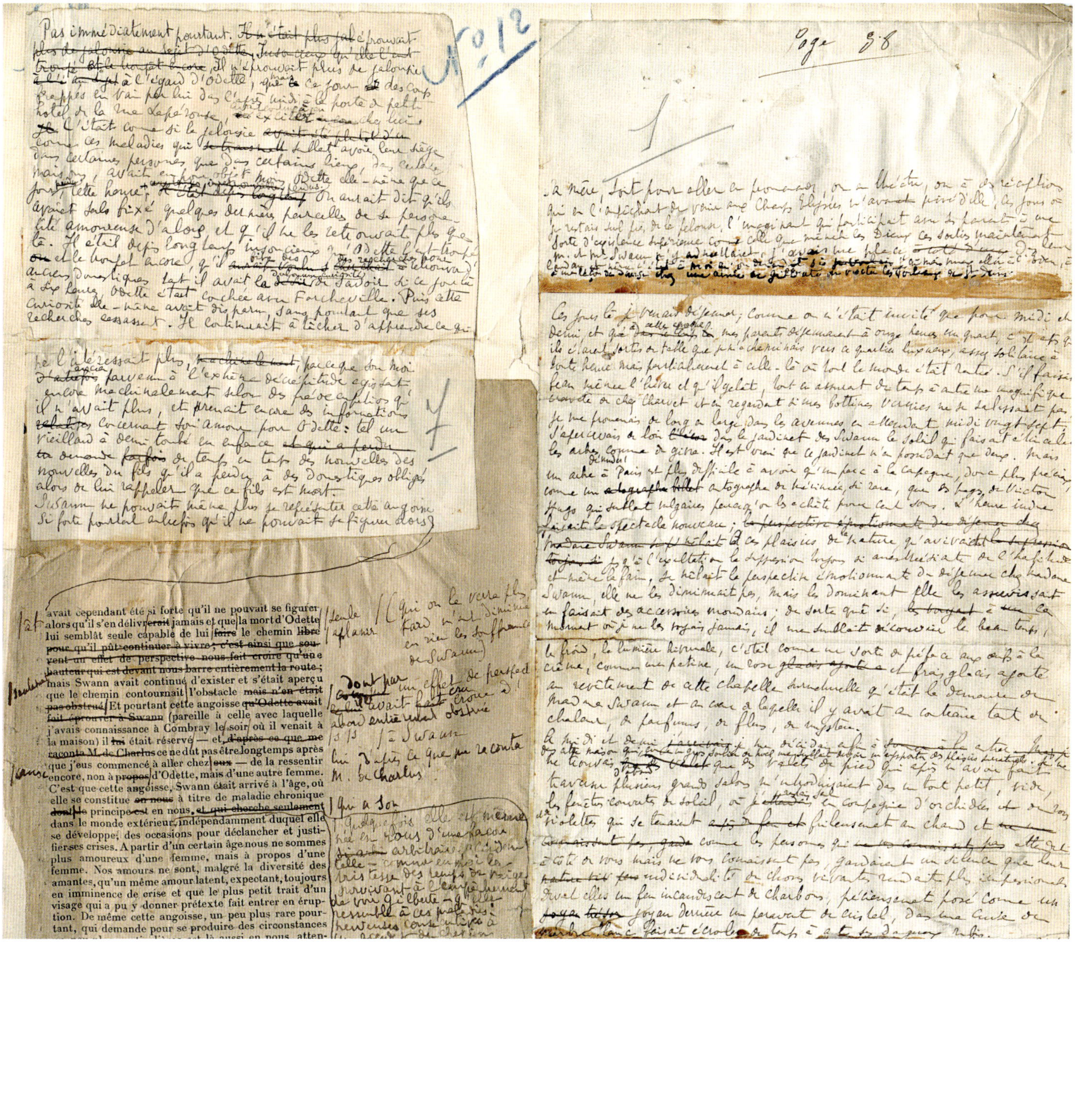

Pas immédiatement pourtant. […] Il n'éprouvait plus de jalousie à l'égard d'Odette […]

N° 12

Page 38

1

avait cependant été si forte qu'il ne pouvait se figurer alors qu'il s'en délivr~~erait~~ jamais et que la mort d'Odette lui semblât seule capable de lui ~~faire~~ le chemin ~~libre pour~~ qu'il pût ~~continuer à vivre; c'est ainsi que souvent un effet de perspective nous fait croire qu'une hauteur qui est devant nous barre entièrement la route;~~ mais Swann avait continué d'exister et s'était aperçu que le chemin contournait l'obstacle ~~mais n'en était pas obstrué~~ Et pourtant cette angoisse ~~qu'Odette avait fait éprouver à Swann~~ (pareille à celle avec laquelle j'avais connaissance à Combray le soir où il venait à la maison) il ~~lui~~ était réservé — et, ~~d'après ce que me raconta M. de Charlus~~ ce ne dut pas être longtemps après que j'eus commencé à aller chez ~~eux~~ — de la ressentir encore, non à ~~propos~~ d'Odette, mais d'une autre femme. C'est que cette angoisse, Swann était arrivé à l'âge, où elle se constitue ~~en nous~~ à titre de maladie chronique ~~dont~~ le principe ~~est~~ en nous, ~~et qui cherche seulement~~ dans le monde extérieur, indépendamment duquel elle se développe, des occasions pour déclancher et justifier ses crises. A partir d'un certain âge nous ne sommes plus amoureux d'une femme, mais à propos d'une femme. Nos amours ne sont, malgré la diversité des amantes, qu'un même amour latent, expectant, toujours en imminence de crise et que le plus petit trait d'un visage qui a pu y donner prétexte fait entrer en éruption. De même cette angoisse, un peu plus rare pourtant, qui demande pour se produire des circonstances

BIBLIOGRAPHIE

George D. Painter, *Marcel Proust*,
deux volumes, Mercure de France 1966-1968 ;
nouvelle édition, Mercure de France, 1992.

Jean-Yves Tadié, *Marcel Proust*,
NRF/Biographie, Gallimard, 1996.

Henri Raczymow, *Le Cygne de Proust*,
Gallimard, coll. «L'Un et l'autre», 1990.

Henri Raczymow, *Le Paris retrouvé de Marcel Proust*,
Parigramme, 2005.

Henri Raczymow, *Notre cher Marcel est mort ce soir*,
Arléa-Poche, 2014.

Direction éditoriale : François Besse
Suivi éditorial : Mathilde Kressmann
Traduction : Mary Deschamps
Relecture : Eugénie Michel et Raphaël Bouvot
Direction artistique et réalisation : Isabelle Chemin

Photogravure : Fotimprim, à Paris

Achevé d'imprimer en U.E. en juin 2021

ISBN : 978-2-37395-160-8
Dépôt légal : juillet 2021